Le Capitalisme d'héritiers

Dans la même collection

Éric Maurin
L'Égalité des possibles (2002)

Thérèse Delpech
Politique du chaos (2002)

Olivier Roy
Les Illusions du 11 Septembre (2002)

Jean-Paul Fitoussi
La Règle et le choix (2002)

Michael Ignatieff
Kaboul-Sarajevo (2002)

Daniel Lindenberg
Le Rappel à l'ordre (2002)

Pierre-Michel Menger
Portrait de l'artiste en travailleur (2003)

Hugues Lagrange
Demandes de sécurité (2003)

Xavier Gaullier
Le Temps des retraites (2003)

Suzanne Berger
Notre première mondialisation (2003)

Robert Castel
L'Insécurité sociale (2003)

Bruno Tertrais
La Guerre sans fin (2004)

Thierry Pech, Marc-Olivier Padis
Les Multinationales du cœur (2004)

Pascal Lamy
La Démocratie-monde (2004)

Philippe Askenazy
Les Désordres du travail (2004)

François Dubet
L'École des chances (2004)

Éric Maurin
Le Ghetto français (2004)

Julie Allard, Antoine Garapon
Les Juges dans la mondialisation (2005)

François Dupuy
La Fatigue des élites (2005)

Patrick Weil
La République et sa diversité (2005)

Jean Peyrelevade
Le Capitalisme total (2005)

Patrick Haenni
L'Islam de marché (2005)

Marie Duru-Bellat
L'Inflation scolaire (2006)

Jean-Louis Missika
La Fin de la télévision (2006)

Daniel Cohen
Trois Leçons sur la société post-industrielle (2006)

Louis Chauvel
Les classes moyennes à la dérive (2006)

François Héran
Le Temps des immigrés (2007)

Dominique Méda & Hélène Périvier
Le Deuxième Âge de l'émancipation (2007)

Thomas Philippon

Le capitalisme d'héritiers

La crise française du travail

LA REPUBLIQUE DES IDEES

Seuil

Collection dirigée par
Pierre Rosanvallon
et Thierry Pech

REMERCIEMENTS

Ce livre doit beaucoup à Thierry Pech, à sa clairvoyance et à son enthousiasme, à Olivier Blanchard, qui m'a tant appris, et à Nicolas Véron, dont les analyses stimulantes et les encouragements m'ont accompagné du début à la fin de ce projet. J'ai aussi eu la chance de bénéficier des idées et des critiques constructives de Yann Algan, Laurent Bach, Suzanne Berger, Pierre Cahuc, Andrew Clark, Mathieu Dunant, Roland Fiszel, Vincent Guibert, Francis Kramarz, Augustin Landier, Eric Maurin, Dominique Méda, Philippe Moncourrier, Holger Mueller, Jean-Claude Philippon, Thomas Piketty, Mark Roe, Pierre Rosanvallon, Bernard Salanié, Barbara Serrano, David Sraer, David Thesmar, Didier Toussaint, Julien Ulrich, François Véron, Pierre-Alain Weill et Daniel Wolfenzon. Je voudrais enfin remercier mes parents pour leur aide et leur soutien constant.

ISBN 978-2-02-091763-6

www.seuil.com
www.repid.com

à Marie

Introduction

« Sur l'autodestruction de la propriété privée, il y a une phrase de Marx que j'aime à citer : "Les sociétés par actions, la dispersion du capital des grandes entreprises entre des actionnaires multiples constituent déjà une destruction de la propriété privée." Si la dispersion équivaut à l'élimination de la propriété privée, une grande corporation américaine n'est plus une propriété privée. »

Raymond Aron, *Dix-huit Leçons sur la société industrielle.*

Pour expliquer la crise du travail et la persistance d'un chômage de masse dans notre pays, on met souvent l'accent sur les contraintes institutionnelles du droit du travail, les charges pesant sur les entreprises, voire sur l'avènement d'une « société de loisir » inconséquente, peuplée d'individus plus ou moins paresseux ou réticents à s'adapter aux exigences de disponibilité et de flexibilité du capitalisme moderne. On se demande plus rarement quelles sont les responsabilités du capitalisme français en la matière : est-il si « moderne » qu'on veut bien le croire ? N'a-t-il pas sa part aux difficultés visées ? Et, si oui, quelle est-elle ?

S'il y a bel et bien en France une crise de la « valeur travail », comme on le dit aujourd'hui, je crois qu'elle est d'abord le fruit d'un certain style de relations sociales. Pour le montrer, il faut commencer par écarter ou, tout au moins, par relativiser un certain nombre d'explications communément admises. Pourquoi travaille-t-on moins en France que dans nombre de pays comparables ? Pourquoi le taux d'emploi y est-il si faible ? Les réponses qui présument une paresse particulière des salariés, ou un goût excessif pour les vacances, sont contredites par les enquêtes disponibles : la crise du travail n'est pas une crise morale. Les réponses qui privilégient les freins institutionnels à l'emploi (contraintes du droit du travail, coûts des licenciements, etc.) ne sont guère plus satisfaisantes : ces variables ne semblent expliquer qu'une part mineure du problème.

En revanche, ce qui distingue nettement la France des autres pays, c'est le peu de satisfactions que les salariés semblent tirer de leur travail, et la mauvaise opinion qu'employés et employeurs ont les uns des autres. Les difficultés du capitalisme français reflètent ainsi celles de la société en général : on remarque partout la même incapacité à faire émerger des organisations puissantes où les relations sociales se fondent sur une confiance réciproque.

Dès que l'on se penche sur les origines et les causes de ces difficultés, on se trouve confronté à de multiples facteurs, dont certains sont déjà bien connus. Et pourtant une grande partie du problème reste encore dans l'angle mort du débat public. Si l'on ne cesse de montrer du doigt le caractère majoritairement contestataire du syndicalisme français, on oublie bien souvent de souligner qu'il va de pair avec des pratiques managériales conservatrices, frustrantes pour les salariés, et qui n'incitent guère à l'innovation. C'est là, en effet, l'autre versant du « problème français », celui dont je propose d'explorer les ressorts et les coûts dans les pages qui suivent.

Alors que la contestation domine l'histoire syndicale en France, l'histoire patronale, elle, oscille entre paternalisme et minutie bureaucratique, mais entretient toujours un goût immodéré pour la hiérarchisation des rapports sociaux. Cette constante s'explique en partie par un mode de sélection qui peine à favoriser l'accès aux responsabilités des plus créatifs, des plus compétents ou des plus méritants. Dans sa dynamique propre, le capitalisme français tend en effet à privilégier l'héritage, qu'il soit direct (sous la forme de la transmission successorale) ou sociologique (sous la forme de la reproduction sociale par le diplôme et le statut). C'est en ce sens qu'on peut le qualifier de « capitalisme d'héritiers ». L'expression, on l'aura compris, ne désigne pas seulement une forme avancée de capitalisme familial, mais plus généralement une culture du management régie par des règles tacites de reproduction et de protection, culture qui dépasse largement le cadre des entreprises privées.

Les logiques de corps et les stratégies individuelles jouent ici naturellement leur rôle. On aurait pourtant tort d'analyser uniquement ce capitalisme d'héritiers comme l'œuvre d'une petite aristocratie de décideurs travaillant à la perpétuation de leur statut et à la défense de leurs intérêts. Il s'agit au contraire d'un système d'organisation qui a sa logique propre et qui doit se comprendre comme le fruit d'une histoire collective.

Dans ce système et dans cette histoire, le capitalisme familial occupe une place centrale et ambiguë : il est à la fois symptôme, remède temporaire et facteur de blocage. Traditionnellement associé au paternalisme, il constitue une stratégie efficace pour limiter les conflits sociaux : l'entreprise familiale est, on le verra, bien adaptée à la jungle des rapports conflictuels. En ce sens, le capitalisme familial est utile au fonctionnement de l'économie, particulièrement lorsque la méfiance domine les rapports entre catégories, comme c'est le cas en France.

Cependant, si la transmission héréditaire assure une certaine stabilité aux entreprises, elle empêche aussi le renouvellement des élites managériales. Le capitalisme familial, quand il se transforme en capitalisme d'héritiers (c'est-à-dire lorsqu'il ne se contente pas de maintenir un contrôle familial sur le capital de l'entreprise, mais en confie systématiquement le management à un parent), risque alors de décourager les plus entreprenants et de priver l'économie des talents les plus rares. De plus, en limitant le brassage entre les groupes, il alimente l'ignorance, et donc la méfiance, des uns envers les autres. Il devient ainsi un facteur de blocage.

Cette critique ne vise pas seulement, ni même surtout, les entreprises familiales. L'absence de délégation, la surcharge de responsabilités au sommet, la déresponsabilisation de la base, les difficultés d'adaptation et de promotion interne, existent dans toutes les entreprises françaises et sont encore plus fortes dans les organisations gérées par l'État. À ce propos, on pourrait également parler d'un syndicalisme d'héritiers, car la reconnaissance institutionnelle dont bénéficient les syndicats français est moins le fruit de leur représentativité sociale que de décisions politiques prises il y a cinquante ans.

Ces travers ne sont pas nouveaux : ils firent déjà l'objet de vives critiques avant la Première Guerre mondiale, alors que l'économie française décrochait par rapport à l'économie allemande, puis dans les années 1950, pour expliquer les écarts de productivité avec les États-Unis. Après s'être fait oublier pendant les Trente Glorieuses, ils réapparaissent aujourd'hui, alors même que la coopération au sein des entreprises est plus nécessaire que jamais.

Je montrerai comment ce système entretient des relations de méfiance entre les entreprises, l'État et les salariés. Je montrerai également que ces relations ont un coût économique désormais exorbitant. Le manque de coopération et de délégation crée des rigidités réelles qui sont au moins aussi importantes que les rigidités institutionnelles dues aux lois et aux régulations si souvent décriées, et qui renchérissent le coût effectif du travail, freinent l'adaptation des entreprises et expliquent une grande part de notre taux de chômage. Par ailleurs, la mauvaise qualité des relations sociales décourage les seniors qui, ne s'étant pas épanouis dans leur travail, cherchent à partir à la retraite le plus tôt possible. Plus fondamentalement encore, le capitalisme d'héritiers n'est ni un capitalisme de croissance, ni un capitalisme d'innovation.

En mettant l'accent sur le caractère social des difficultés

françaises, je m'éloigne délibérément du champ des analyses économiques traditionnelles, mais j'en conserve autant que possible l'approche et la méthode. C'est l'analyse systématique des données disponibles qui me pousse à conclure que la mauvaise qualité des relations de travail constitue le frein le plus massif au dynamisme de l'économie française. Si l'on accepte cette conclusion, il s'ensuit que la priorité devrait être de restaurer peu à peu la confiance entre les acteurs. Pour cela, les remèdes traditionnels ne sont pas forcément les plus appropriés, et certains autres, que l'on prescrit pour des raisons fort différentes, pourraient au contraire permettre de soigner le mal en profondeur. Voilà pourquoi je suggère que la réforme des droits de succession, le financement des PME, la représentativité des syndicats, l'indépendance de la presse et la réforme de l'enseignement, loin de constituer une suite d'éléments disparates, peuvent faire partie d'une nouvelle politique industrielle cohérente.

CHAPITRE PREMIER

La véritable crise de la « valeur travail »

Même en période de croissance, le taux de chômage français ne descend que rarement en dessous de 9 %, et il reste en moyenne bien supérieur à celui des autres pays développés. Le taux d'emploi, c'est-à-dire la fraction de personnes employées parmi celles qui pourraient l'être[1], se situe pour sa part autour de 63 %, soit 10 points de moins qu'en Europe du Nord. Dix points, cela signifie 4 millions d'emplois manquants. Que l'on considère le taux de chômage ou le taux d'emploi, la France apparaît donc comme un pays où l'on travaille moins qu'ailleurs. Quelles sont les origines de ce déficit ? Pour répondre à cette question, je propose une approche fondée sur la comparaison d'une vingtaine de pays dont on trouvera la liste dans la Table 1.

1. Le taux d'emploi, selon la définition du Bureau international du travail, est le nombre de personnes employées divisé par le nombre de personnes âgées de 16 à 64 ans.

Table I
LISTE DES PRINCIPAUX PAYS ÉTUDIÉS.

	Sigle	Chômage	Taux d'emploi	Relations du travail	Capitalisme familial	Satisf. au travail
Année de mesure	.	2000	2000	1999	1995-1997	1999
Australie	AUS	6,5 %	69,1 %	4,31	56,4 %	.
Autriche	AUT	4,6 %	75,7 %	6,13	52,9 %	61,9 %
Belgique	BEL	6,8 %	61,7 %	4,43	51,5 %	62,4 %
Canada	CAN	6,7 %	71,9 %	4,78	45,3 %	.
Suisse	CHE	2,7 %	79,7 %	6,37	48,1 %	.
Allemagne	DEU	6,9 %	69,9 %	5,25	64,6 %	60,3 %
Danemark	DNK	4,6 %	77,9 %	5,97	48,7 %	72,5 %
Espagne	ESP	11,3 %	59,3 %	4,51	55,8 %	52,1 %
Finlande	FIN	9,9 %	66,4 %	5,42	48,8 %	65,0 %
France	FRA	10,1 %	61,8 %	3,33	64,8 %	47,2 %
Royaume-Uni	GBR	5,6 %	70,9 %	5,11	23,7 %	52,3 %
Grèce	GRC	11,7 %	54,9 %	3,91	80,2 %	43,2 %
Irlande	IRL	4,3 %	66,2 %	5,21	24,6 %	61,3 %
Italie	ITA	9,6 %	58,3 %	4,22	59,6 %	53,6 %
Japon	JPN	4,7 %	76,1 %	6,09	13,1 %	.
Pays-Bas	NLD	2,8 %	75,0 %	5,89	34,2 %	57,4 %
Norvège	NOR	3,4 %	78,9 %	5,72	38,6 %	.
Nlle-Zélande	NZL	6,0 %	71,5 %	5,57	40,4 %	.
Portugal	PRT	4,1 %	71,5 %	4,98	60,3 %	56,2 %
Suède	SWE	4,6 %	74,7 %	5,92	46,9 %	56,9 %
États-Unis	USA	3,9 %	73,4 %	4,98	19,8 %	

Sources : Calculs de l'auteur à partir des données OCDE, Global Competitiveness Report, World Value Survey, et Mueller-Philippon (2006). Les abréviations des noms de pays sont celles utilisées par la Banque mondiale. Taux d'emploi = emploi total divisé par la population de 16-64 ans. Les taux d'emploi et de chômage sont ceux de l'année 2000. La qualité des relations du travail est la réponse à la question du GCR « les relations du travail sont-elles coopératives ? ». Le capitalisme familial est la fraction d'entreprises familiales parmi les entreprises cotées. La satisfaction au travail est la fraction qui se déclare « très satisfait » de son travail dans le World Value Survey.

Les Français et le travail

En 2004, un employé français travaillait en moyenne 36,2 heures par semaine, contre 39,4 heures pour un employé américain[1]. Pendant les années 1960 et jusqu'au début des années 1970, au contraire, les Français travaillaient légèrement plus que les Américains. Faut-il en conclure, comme on l'entend quelquefois, que les Français ne veulent plus travailler ? Ou qu'ils auraient décidé d'utiliser les formidables gains de productivité des cinquante dernières années pour prendre plus de loisirs ?

Ces explications sont en réalité contredites par les enquêtes statistiques disponibles, à commencer par le World Value Survey (WVS) : une enquête internationale sur les valeurs et les attitudes des membres de plus de 85 sociétés de par le monde, portant sur un large éventail de sujets (politique, économie, éthique, religion, rapports hommes / femmes, comportements sexuels, etc.)[2].

Cette enquête comporte deux questions sur le travail : « Quelle est l'importance du travail dans votre vie ? » et « Est-il important d'apprendre à vos enfants à travailler dur ? » Les résultats qui nous intéressent sont reproduits dans la Table 2. Ils sont frappants. La France est 30e sur 80 pays pour l'importance du travail, en tête des pays riches devant les États-Unis, 2e derrière la Pologne au sein de l'Europe, et loin devant le Danemark et l'Angleterre[3]. Quant à l'importance d'enseigner aux enfants à « travailler dur », la France est 47e sur 80, une position comparable à celle des États-Unis et du Canada, devant la plupart des autres pays européens et nettement devant les pays scandinaves.

---

1. Alberto Alesina, Edward Glaeser et Bruce Sacerdote, « Work and Leisure in the U.S. and Europe : Why Do Different ? », document de travail 11 278, National Bureau of Economic Research (NBER), 2005. Les moyennes sont calculées sur les emplois à temps plein et à temps partiel. Ainsi, les différences reflètent en partie l'importance plus grande du travail à temps partiel en France.

2. Chaque échantillon est représentatif de la population concernée et inclut au minimum 1 000 personnes dans chaque pays. L'échantillon français inclut 1 615 personnes interrogées entre mars et avril 1999.

3. On trouve surtout des pays pauvres en tête du classement, ce qui n'est guère surprenant car moins on est riche, et plus le travail est nécessaire.

Table 2
La valeur travail dans 80 pays

Question	Statistique		Rang de la France	Rang de la France parmi les pays riches
Quelle est l'importance du travail dans votre vie ?	fraction qui répond « très important »	68,90 %	30 sur 80	1 sur 24
Quelle est l'importance des loisirs dans votre vie ?	fraction qui répond « très important »	37 %	34 sur 80	17 sur 24
Liste des qualités qu'il faut apprendre à un enfant	fraction qui inclut « travailler dur »	50,20 %	47 sur 80	7 sur 24

Source: Calculs de l'auteur à partir des données World Value Survey. La liste des qualités à apprendre aux enfants inclut les bonnes manières, l'indépendance, travailler dur, la responsabilité, l'imagination, la tolérance, l'épargne, la persévérance, la foi religieuse, la générosité et l'obéissance.

L'enquête WVS contient également une question sur l'importance des loisirs : « Quelle est l'importance des loisirs dans votre vie ? » La France se classe ici 34e sur 80, derrière les États-Unis et les pays scandinaves, et derrière la majorité des pays européens. On peut donc difficilement attribuer la crise du travail à un désir invétéré de vacances.

Le problème viendrait-il alors de l'opinion que les Français se font des différents métiers, et en particulier du rôle des entrepreneurs ? Les enquêtes de la SOFRES montrent clairement qu'il n'y a pas de dévalorisation du rôle des entrepreneurs dans la société[1]. Contrairement aux idées reçues, là encore, 70 % des Français estiment que les parcours les plus enrichissants sont ceux qui consistent à créer son entreprise ou à exercer différents métiers au cours de sa vie.

1. Oliver Duhamel et Brice Teinturier, TNS Sofres, *L'État de l'opinion*, Paris, Seuil, 2004

Ces premiers éléments soulignent que les Français souhaitent encore s'investir dans leur travail. Il semble donc qu'il n'y ait pas de crise de la « valeur travail » en France, au moins en tant que valeur individuelle. Les travailleurs français veulent travailler et les entrepreneurs français veulent entreprendre. Mais ils ne parviennent pas à le faire ensemble. Pourquoi ?

Les régulations du marché du travail

Pour compléter notre description du sous-emploi relatif de la France, intéressons-nous maintenant au taux d'emploi (le nombre de personnes employées divisé par la population comprise entre 16 et 64 ans). Il était en France de 63,6 % en 2004, contre 72 % aux États-Unis[1]. Soit un déficit total d'un peu plus de 7 heures par semaine et par personne en âge de travailler. Une explication souvent avancée consiste à considérer ce déficit comme l'effet des régulations du marché du travail (coûts des licenciements, taux de remplacement et durée des allocations chômage, taxation des revenus du travail, pouvoir donné aux syndicats, mais aussi programmes de formation et d'aide au retour à l'emploi...).

La première faiblesse de cette explication est que la relation empirique entre les rigidités institutionnelles, d'une part, et les taux de chômage et d'emploi de l'autre, est limitée. En Suède, la pression fiscale sur le travail est forte, mais le taux d'emploi est élevé. Aux États-Unis, la pression fiscale est faible et l'emploi élevé. En France, la pression fiscale est forte et l'emploi faible. Au Danemark, les allocations chômage sont généreuses mais le chômage est bas, alors que c'est le contraire en Italie. Bref, chacun peut trouver des exemples et des contre-exemples pour confirmer ou infirmer n'importe quelle théorie.

1. A. Alesina, E. Glaeser, B. Sacerdote, art. cité.

La Table 3 nous permet d'être plus précis. La question que nous nous posons est la suivante : dans quelle mesure les différences d'institutions du marché du travail permettent-elles d'expliquer les différences d'emploi et de chômage entre les pays ? Les variables que nous cherchons à expliquer sont donc le taux de chômage et le taux d'emploi. Pour construire la Table 3, j'ai d'abord calculé ces deux variables pour 21 pays à partir des données de l'OCDE. J'ai ensuite choisi deux ensembles de mesures des institutions du marché du travail, provenant de travaux universitaires récents. Olivier Blanchard et Justin Wolfers[1] calculent le taux de remplacement et la durée des allocations chômage, le taux de syndicalisation, la fraction des contrats du travail couverts par des conventions collectives, le taux d'imposition du travail, les coûts de licenciements et les politiques actives de retour à l'emploi. D'autres experts[2] insistent plutôt sur les caractéristiques des contrats de travail, l'organisation des négociations collectives et la protection des travailleurs en cas de grève. Les mesures développées dans ces différents travaux sont donc complémentaires et couvrent la plupart des aspects importants du marché du travail. Cependant, la Table 3 montre que ces mesures n'expliquent au mieux qu'un huitième des variations de chômage entre les pays, et moins d'un tiers des variations de taux d'emploi.

L'explication par les rigidités institutionnelles comporte également une faiblesse théorique : elle s'en tient aux causes superficielles. En dernière analyse, nous devons considérer que, dans les pays démocratiques, l'État fait ce qu'on lui dit de faire. En d'autres termes, même si les mesures institutionnelles avaient un pouvoir explicatif élevé, il nous resterait encore à comprendre

---

1. Olivier Blanchard et Justin Wolfers, « The Role of Shocks and Institutions In the Rise of European Unemployment : The Aggregate Evidence », *Economic Journal*, 110, mars 2000, p. 1-33.

2. Juan Botero, Simeon Djanko, Rafael La Porta, Florencio Lopez-de-Silanes et Andrei Shleifer, « The Regulation of Labor », *Quarterly Journal of Economics*, novembre 2004, p. 1339-1382.

Table 3
POUVOIR EXPLICATIF DES VARIABLES INSTITUTIONNELLES

	Variables à expliquer	
Variables explicatives	**Taux de chômage (année 2000)**	**Taux d'emploi (année 2000)**
Institutions du marché du travail de Blanchard et Wolfers	12,8 % des variations entre 20 pays	30.5 % des variations entre 20 pays
Régulations du marché du travail de Botero *et al.*	2,4 % des variations entre 21 pays	24.3 % des variations entre 21 pays

Note: Le pouvoir explicatif est défini par le R^2 ajusté de la régression en coupe sur 21 pays (voir Table 1). Les variables de Blanchard et Wolfers sont : taux de remplacement et durée des allocations chômage, fraction des contrats négociés par les syndicats, protection de l'emploi (coût de licenciements, etc..), taxe sur le travail, programmes d'aide aux chômeurs. Ces variables ne sont pas disponibles pour la Grèce. Les variables de Botero, Djankov, La Porta, Lopez de Silanes et Shleifer incluent un indice de protection de l'emploi, un indice de flexibilité de choix du contrat de travail, un indice de négociations collectives, un indice de participation des travailleurs au management de l'entreprise, et un indice de protection des travailleurs pendant les grèves.

Lecture: Les variables de Blanchard-Wolfers permettent d'expliquer un peu plus d'un huitième des variations de taux de chômage entre les pays et un peu moins d'un tiers des variations de taux d'emploi.

pourquoi différents pays choisissent différentes institutions. Par exemple, s'il existait un consensus contre les coûts de licenciement, ceux-ci seraient probablement supprimés. S'il apparaissait que telle ou telle rigidité institutionnelle était responsable d'une grande partie du chômage, il faudrait se demander pourquoi certains pays choisissent de la conserver[1].

1. Yann Algan et Pierre Cahuc, « Civic Attitudes and the Design of Labor Market Institutions : Which Countries Can Implement the Danish Flexicurity Model ? », document de travail du CREST, 2006. Olivier Blanchard et Thomas Philippon, « The Quality of Labor Relations and Unemployment », document de travail du NBER, 2006.

L'exception française

Si les Français ont le désir de travailler, et si les rigidités institutionnelles n'expliquent qu'une petite partie du problème, alors comment se fait-il qu'il y ait une crise du travail en France ? Ma thèse est celle d'une crise des valeurs collectives : une crise non pas du désir individuel de travailler, mais de la capacité à travailler *ensemble*. En effet, la France est le pays développé où les relations de travail sont les plus mauvaises, à la fois du point de vue des dirigeants d'entreprises et du point de vue des employés.

Commençons par le point de vue des dirigeants d'entreprise. Nous disposons de deux enquêtes de grande envergure, couvrant plus de 5 000 managers et 100 pays : l'enquête de l'IMD, une école de commerce de Lausanne, et l'enquête du Forum économique mondial, le Global Competitiveness Report (GCR). En 2004, selon l'IMD, la France est 57e sur 60 pays (bonne dernière des pays riches) pour la qualité des relations sociales dans l'entreprise[1]. Et, selon le GCR, elle arrive 99e sur 102 pays[2]. Seuls le Venezuela, le Nigeria et Trinidad font pire…

On pourrait penser que ces résultats traduisent un pessimisme généralisé des managers français. Il n'en est rien. La Table 4 montre que leur confiance à l'égard des systèmes judiciaire et politique est comparable à celle des managers des autres pays. La première colonne compare les réponses des managers français à celles des managers des 21 pays riches de la Table 1[3]. Dans les domaines de la justice et de la politique, les écarts constatés pour la France ne

1. La question précise est : « Les relations dans le travail sont-elles hostiles ou constructives ? »

2. La question précise est : « Les relations entre employés et employeurs sont-elles conflictuelles ou coopératives ? »

3. Pour faciliter les comparaisons, les scores ont été standardisés sur une moyenne de 0 et un écart type de 1. Un score positif indique donc que le pays est au-dessus de la moyenne, et un score de -1 correspond à un écart type en dessous de la moyenne.

sont pas très importants. En revanche, concernant les relations sociales dans l'entreprise, les écarts sont beaucoup plus considérables. La France n'est pas seulement dernière du groupe des 21 pays riches ; dans ce domaine, elle est bonne dernière.

Table 4
OPINIONS DES MANAGERS FRANÇAIS

	Score standardisé sur 21 pays riches	Rang de la France dans le Monde
Confiance dans la Justice	-0,45	50 sur 102
Confiance dans la Politique	-0,64	50 sur 102
Relations du Travail	-2,4	99 sur 102

Source : Calculs de l'auteur à partir des données Global Competitiveness Report, 1999. Le score standardisé a une moyenne de 0 et une déviation standard de 1 parmi les 21 pays riches. Un score positif représente un résultat au-dessus de la moyenne. Un score négatif représente un résultat en-dessous de la moyenne. Si la valeur absolue du score est inférieure à 1, c'est-à-dire si le score est entre -1 et +1, l'écart est peu significatif. Une valeur absolue supérieure à 2 signale un écart très significatif. La confiance dans la justice des managers français n'est pas significativement différente de celle des managers des autres pays riches. La confiance des managers français dans les relations du travail est très significativement en-dessous de la moyenne.

La seconde colonne de la Table 4 donne le classement de la France dans l'échantillon complet de 102 pays. C'est un échantillon beaucoup plus hétérogène. Les institutions des pays riches sont en moyenne de meilleure qualité que celle des pays pauvres, et la place relative de la France dans cet échantillon s'en trouve mécaniquement rehaussée, comme on le constate sur les scores de la justice ou de la politique. Le rang de la France pour les relations sociales n'en est donc que plus étonnant.

Finalement, la mauvaise qualité des relations sociales en France est une caractéristique qui ressort de toutes les enquêtes disponibles, et ce de manière durable[1].

1. Le GCR a posé la question sur les relations sociales dans l'entreprise pour la première fois en 1993, et la France était déjà dernière des pays riches, une place

Loin d'être propre aux managers, cette perception est partagée par les Français en général, et par les salariés en particulier. Le WVS permet de mesurer les perceptions des Français dans leur ensemble. Selon cette enquête, parmi les pays d'Europe, la France se classe dernière pour la « liberté de prendre des décisions dans son travail », et avant-dernière (devant la Grèce) pour la « satisfaction dans son travail »[1].

La situation est plus pénible encore pour les travailleurs les moins bien lotis. Toujours selon le WVS[2], les Français les moins diplômés valorisent davantage le travail. Si, en moyenne, 68,4 % des Français jugent qu'il est important d'apprendre aux enfants à « travailler dur » (voir la Table 2), cette proportion monte à 74,5 % pour les moins diplômés contre 56,8 % pour les plus diplômés. De même, 74,1 % des moins diplômés déclarent que le travail est très important dans leur vie, contre 56,6 % des plus diplômés. Or, les moins diplômés sont moins satisfaits de leur travail (46 % contre 50 % pour les plus diplômés) et ils ont moins de liberté de décision (49 % contre 67 %). On obtient des tendances similaires si on classe les réponses en fonction du revenu plutôt que de l'éducation : les plus pauvres valorisent plus le travail mais sont moins satisfaits de leur situation.

---

qu'elle conservait dans l'enquête de 2003. L'enquête de l'IMD est indépendante de celle du GCR mais elle donne les mêmes résultats. On obtient encore les mêmes résultats à partir des réponses à d'autres questions, telles que « Les travailleurs dans votre entreprise sont-ils motivés ? », ou « Les conflits du travail dans votre entreprise se règlent-ils rapidement et sans trop de coûts ? ». Quelle que soit la mesure de qualité des relations sociales dans l'entreprise utilisée, nous retrouvons la France en queue de peloton.

1. L'intitulé exact des questions est : « D'une manière générale, dans quelle mesure êtes-vous satisfait ou pas satisfait de votre travail ? » et « Dans quelle mesure êtes-vous libre de prendre des décisions dans votre travail actuel ? ».

2. Le premier niveau inclut l'école primaire, le collège et l'enseignement professionnel sans obtention du bac ; il représente 58 % de l'échantillon pour la France. Le niveau intermédiaire inclut le bac professionnel et le bac général, et représente 19,6 % de l'échantillon. Le niveau supérieur inclut bac+2 et au-delà.

De même que les managers n'affichent pas un pessimisme indiscriminé, mais une défiance spécifique à l'égard des relations sociales dans l'entreprise, les Français ne se plaignent pas de tout, mais uniquement de leur travail. Pour la question « Tout bien considéré, à quel point êtes-vous satisfait ou pas satisfait de la vie que vous menez en ce moment ? », la France se classe 28e sur 81 pays, un niveau proche de la moyenne européenne. Cela signifie que les Français sont parfaitement conscients de ce qui va bien en France, et n'ont pas une vision particulièrement négative de leur vie en général. On constate dans le WVS qu'ils apprécient la qualité de leur système de santé et de certaines infrastructures publiques. En revanche, tout comme les dirigeants d'entreprises, les employés français reconnaissent qu'il existe un problème spécifique concernant les relations sociales.

Nous cherchions une exception française, il semble que nous l'ayons trouvée.

Logique des rapports sociaux dans le travail

Essayons à présent de comprendre la logique des relations sociales dans l'entreprise, et l'origine de cette exception française. Doit-on penser les relations sociales dans une logique gagnant/gagnant, ou dans une logique gagnant/perdant ?

Michelle Lamont donne des exemples concrets de ce que signifie la logique gagnant/perdant[1]. « En France, il se trouve une minorité importante des interviewés pour manifester des attitudes hostiles au travail : un gros bosseur est au mieux “trop bon”, au pire un “laquais du grand capital”, un abruti qu'on peut exploiter. » Cette attitude va de pair avec des opinions très tranchées sur l'oppo-

1. Michelle Lamont, *La Morale et l'Argent*, Paris, Métailié, 1995, p. 64.

sition fondamentale entre ceux qui dirigent et ceux qui obéissent, et pas seulement dans le secteur privé, « Dès qu'un professeur devient proviseur, il passe dans le camp ennemi. Au lieu de dire "c'est un des nôtres qui a réussi, on sera peut-être mieux compris", ils sont méfiants car ils pensent qu'il est passé de l'autre côté de la barrière[1]. »

Dans cette conception qui met l'accent sur le caractère gagnant / perdant des relations sociales, les managers ne peuvent être heureux qu'en brimant leurs employés, et l'émancipation des travailleurs ne peut se faire qu'au détriment des patrons. La question qui se pose est de savoir si cette conception des relations sociales est la plus pertinente. La Figure 1 suggère que non. L'axe horizontal correspond aux réponses des managers à la question du GCR : « Les relations de travail sont-elles hostiles ou constructives ? » L'axe vertical correspond aux réponses des employés à la question de la WVS sur la satisfaction dans son travail, évoquée précédemment. Alors même que ces deux enquêtes sont totalement indépendantes l'une de l'autre, la similitude des réponses est frappante : les pays où les managers sont satisfaits sont ceux où les travailleurs sont satisfaits, et *vice versa*. Au sein des pays européens, c'est clairement la logique gagnant / gagnant, ou par symétrie perdant / perdant, qui domine. S'il est absurde de nier l'existence de conflits de groupes au sein des entreprises, il est donc tout aussi faux de croire que ces conflits sont indépassables.

Le facteur qui domine la comparaison internationale est la capacité de certains pays, et l'incapacité d'autres à organiser le travail de manière à ce que chacun y trouve son compte. Nous avons conclu précédemment que les rigidités institutionnelles n'expliquent sans doute pas plus du tiers des variations de taux d'emploi entre les pays. Quel est le pouvoir explicatif des relations sociales ? Il est remarquable, comme le montre la Figure 2. Statistiquement,

1. *Ibid.*, p. 70.

Figure 1
LOGIQUE GAGNANT/GAGNANT

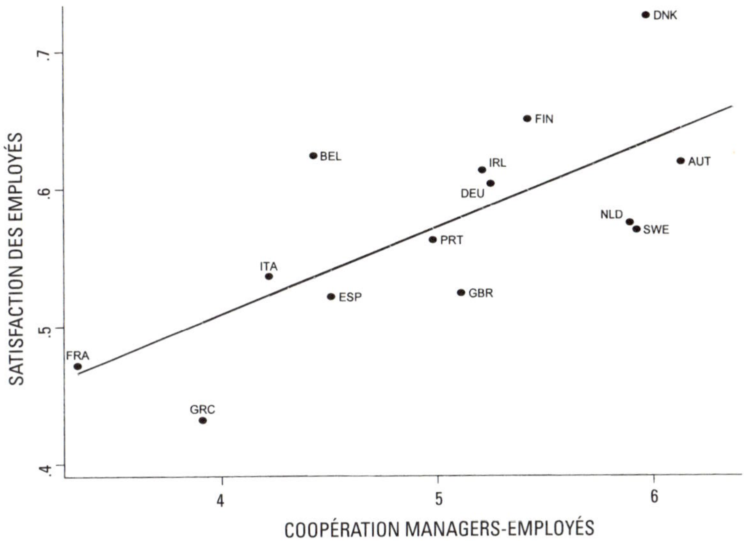

Sources : Global Competitiveness Report (GCR, 1999) et World Value Survey (WVS, 2000).

Lecture : L'axe horizontal correspond aux réponses des managers à la question du GCR « les relations avec vos employés sont-elles coopératives ou conflictuelles ? ». Les réponses vont de 1 (très hostiles) à 7 (très coopératives). L'axe vertical est la fraction des travailleurs qui se déclarent « très satisfaits » de leur travail dans le WVS.

la qualité des relations sociales dans l'entreprise explique 70 % des variations de taux d'emploi entre les pays (en utilisant la même mesure statistique que dans la Table 2). C'est deux fois mieux qu'avec les variables institutionnelles classiques (taux de remplacement et durée des allocations chômage, taux d'imposition du travail, coûts de licenciements, etc.).

Il est rare de trouver une relation aussi précise que celle de la Figure 2 entre deux variables de natures différentes et construites indépendamment l'une de l'autre. En effet, le taux d'emploi, cal-

Figure 2
Relations du travail et taux d'emploi

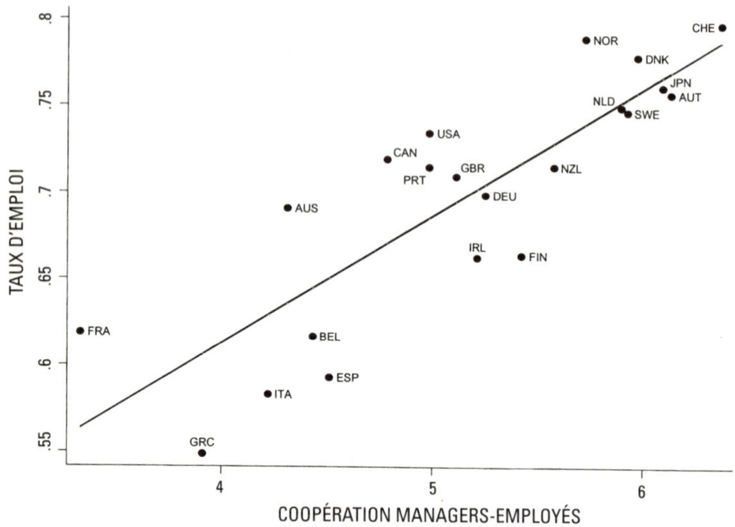

Sources : Global Competitiveness Report (GCR, 1999) et OECD (2000).

Lecture : L'axe vertical représente le taux d'emploi de différents pays. En France, il est de 61,8 %. L'axe horizontal correspond aux réponses des managers à la question du GCR : « les relations avec vos employés sont-elles coopératives ou conflictuelles ? ». Les réponses vont de 1 (très hostiles) à 7 (très coopératives).

culé à partir des données de l'OCDE, est une donnée objective, un chiffre dur et, qui plus est, relativement facile à définir et à mesurer.[1] La qualité des relations sociales est au contraire une donnée subjective, dont la validité est *a priori* contestable. De ce point de vue, la corrélation mise en évidence par la Figure 2 permet de lever les doutes sur la pertinence de notre mesure subjective des relations sociales.

1. Par opposition au PIB par exemple, dont le calcul est extrêmement complexe.

Cependant, l'existence d'une relation statistique, même forte, entre la coopération dans le travail et le taux d'emploi ne nous dit rien sur le sens de la causalité. Comment doit-on interpréter cette corrélation ? Quelle est la cause ? Quel est l'effet ? Si la relation entre les relations sociales et le taux d'emploi était causale, alors nous aurions mis en évidence une raison fondamentale de la crise française, mais à ce stade, tout reste à démontrer. En particulier, pourquoi la confiance entre dirigeants et employés diffère-t-elle tellement d'un pays à l'autre ?

Pour répondre à ces questions, il nous faut d'abord situer le problème dans une perspective historique.

CHAPITRE II

Éléments d'analyse historique

> « Le patron, c'est l'ennemi, c'est le singe, dont on ne parle pas sans crainte, mais qu'on n'aime pas, qu'on tourne en plaisanterie hors de l'atelier dans la conviction que lui-même déteste ses ouvriers et ne cherche à prélever sur eux que le plus de bénéfices possibles. »
>
> Henry Leyret, *En plein faubourg* (1895)[1]

La logique gagnant / gagnant, évidente sur la Figure 1, présente un défi particulier pour l'analyse : comment se fait-il que certains pays restent bloqués dans l'équilibre perdant / perdant ? Ce défi est trop souvent sous-estimé, en évoquant sans trop réfléchir une surdétermination historique. En effet, même dans un pays où une partie des syndicats est idéologiquement opposée au dialogue social, qu'est-ce qui empêche les autres syndicats de se comporter différemment ? Si de bonnes relations entre managers et employés donnent un avantage comparatif à certaines entreprises, pourquoi ne parviennent-elles pas à dominer le marché ? Si certains patrons se comportent en petits dictateurs, qu'est-ce qui empêche l'entrée massive d'entreprises où les relations sociales seraient meilleures ?

---

1. Cité par Michelle Perrot, « Le regard de l'Autre : les patrons français vus par les ouvriers (1880-1914) », *Le Patronat de la seconde industrialisation*, édité par M. Lévy-Leboyer, Paris, Éditions ouvrières, 1979.

Telles sont les questions auxquelles nous devons maintenant répondre, en analysant un par un les éléments du cercle vicieux.

Genèse des attitudes syndicales

L'histoire du syndicalisme est souvent montrée du doigt lorsqu'il s'agit d'expliquer la mauvaise qualité des relations sociales en France. Interdits, ostracisés, les syndicats français ont certainement connu une enfance difficile, dont ils ne se sont peut-être jamais vraiment remis. Mais que s'est-il passé dans les autres pays ? Le capitalisme du XIXe siècle était partout sauvage et la misère ouvrière n'était pas l'apanage de la France. Pourquoi des histoires si différentes ?

Il ne s'agit pas de présenter ici une thèse originale, mais simplement d'utiliser des travaux historiques et sociologiques existants afin de mettre en perspective une question contemporaine. La thèse de Colin Crouch en particulier nous permet d'éclairer l'histoire des relations sociales en Europe[1]. Cette thèse présente deux atouts majeurs pour notre analyse : elle s'applique à l'ensemble des pays européens, et elle peut se traduire de manière quantitative pour être testée statistiquement. Afin de rendre la discussion plus concrète et de motiver l'analyse systématique, intéressons-nous d'abord à l'exemple de la France et rappelons les grandes dates d'une histoire bien connue. Dès la Révolution, la loi Le Chapelier du 14 juin 1791 interdit les corporations, le compagnonnage, et les coalitions ouvrières[2]. Vingt ans plus tard, les articles

1. Colin Crouch, *Industrial relations and European state traditions*, Oxford, Clarendon Press, 1993.

2. L'article 1 stipule : « L'anéantissement de toutes espèces de corporations des citoyens du même état ou profession étant une des bases fondamentales de la constitution française, il est défendu de les rétablir de fait, sous quelque prétexte et quelque forme que ce soit. » L'article 2 : « Les citoyens d'un même état ou

291 et 294 du Code pénal de 1810 instaurent le « délit d'association » : aucune association de plus de vingt membres ne peut se former sans l'autorisation des pouvoirs publics. La Constitution de 1848 reconnaît la liberté d'association, mais l'attitude des tribunaux en limite la portée pratique. La loi Waldeck-Rousseau du 21 mars 1884 légalise finalement les syndicats professionnels, mais pas encore les fédérations de syndicats, et il faut attendre la loi du 1er juillet 1901 pour que soient abrogés les articles du Code pénal évoqués plus haut, et que soit affirmée la liberté d'association.

La Suède, le Danemark ou l'Allemagne n'ont pas connu une histoire comparable. Durant la période cruciale qui s'étend de 1870 à 1900, le capitalisme et le syndicalisme se développent donc dans des contextes législatifs nationaux très différents. Les conflits du travail ont partout été violents, mais certains pays sont parvenus à les gérer mieux que d'autres. Au Danemark, en 1899, ce fut le « compromis de septembre » par lequel « les employeurs obtinrent le droit patronal à diriger et à recourir à la main-d'œuvre jugée adéquate », tandis que les employés obtenaient « le droit de s'organiser et de s'assembler ainsi que le droit de faire grève en période de négociation » [1].

La Table 5 résume le développement du syndicalisme en Europe avant la Première Guerre mondiale. Pour faire une analyse correcte, il faut bien entendu tenir compte du niveau d'industrialisation, car c'est parmi la main-d'œuvre industrielle que les premiers syndicats recrutent. De fait, la corrélation positive entre la part de l'emploi industriel et le taux de syndicalisation saute aux yeux. Nous devons donc comparer le taux de syndicalisation pour un niveau donné d'emploi industriel. Par exemple, l'emploi indus-

profession, les entrepreneurs, ceux qui ont boutique ouverte, les ouvriers et compagnons d'un art quelconque ne pourront, lorsqu'ils se trouveront ensemble, se nommer ni président, ni secrétaires, ni syndics, tenir des registres, prendre des arrêtés ou délibérations, former des règlements sur leurs prétendus intérêts communs. »

1. Alain Lefebvre et Dominique Méda, *Faut-il brûler le modèle social français ?*, Paris, Seuil, 2006.

triel est légèrement plus développé en Italie qu'il ne l'est au Danemark (27 % contre 24 %), et pourtant le taux de syndicalisation est plus de trois fois plus élevé au Danemark qu'en Italie. Une simple analyse statistique montre que le taux de syndicalisation de 1910, corrigé des variations de l'emploi industriel entre les pays, est significativement corrélé avec la qualité des relations sociales dans l'entreprise observée aujourd'hui : les pays frappés de sous-développement syndical avant la Première Guerre mondiale semblent bien être ceux qui aujourd'hui ont de mauvaises relations sociales.

Table 5
SYNDICALISATION EN EUROPE AVANT 1914

	Taux de Syndicalisation, 1910-1914 en 1910	Part de l'industrie dans l'emploi total	Taux de Syndicalisation 2001	Classification de Crouch
Autriche	4,8 %	24 %	35,7 %	2
Belgique	7,5 %	45 %	55,5 %	1
Danemark	13 %	24 %	72,5 %	1
Espagne	.	.	16,1 %	0
Finlande	3,4 %	11 %	74,5 %	1
France	1,9 %	30 %	8,1 %	0
Allemagne	11,4 %	39 %	23,5 %	2
Irlande	.	.	36,6 %	1
Italie	4 %	27 %	34,8 %	0
Pays-Bas	12,2 %	33 %	22,5 %	2
Portugal	.	.	38,0 %	0
Norvège	8,5 %	26 %	52,8 %	1
Suède	7,1 %	25 %	78,0 %	1
Suisse	5,7 %		17,8 %	2
Royaume-Uni	22,6 %	45 %	29,3 %	1

Source : Crouch, 1993. 0 indique les États hostiles aux syndicats entre 1870 et 1900, 1 les États neutres, et 2 les États favorables.

Crouch met notamment en lumière le rôle des États dans le processus de développement syndical. Il distingue trois groupes d'États en fonction de leur attitude vis-à-vis des premiers mouvements syndicaux. En France, en Espagne, en Italie et au Portugal, l'État a en général refusé de coopérer et s'est montré longtemps hostile aux syndicats. Au Danemark, en Norvège, en Finlande, en Suède et en Grande-Bretagne, il est resté neutre. L'Irlande était alors une colonie anglaise et l'attitude neutre s'y est exportée. En Allemagne, en Suisse, en Hollande et en Autriche, l'État a facilité le développement des organisations professionnelles. Sur cette échelle, la Belgique se situe quelque part entre la France et l'Allemagne.

Quel est le pouvoir explicatif de la classification proposée par Crouch ? Je commence par créer une variable égale à 0 pour le groupe des États dits « hostiles », 1 pour les « neutres » et 2 pour les États « favorables » (voir la dernière colonne de la Table 5)[1]. Je cherche ensuite à évaluer si cette classification permet de prédire la qualité des relations du travail aujourd'hui. En termes statistiques, je régresse la réponse des managers à la question « Les relations entre employés et employeurs sont-elles conflictuelles ou coopératives ? » sur la classification de Crouch. Le pouvoir explicatif est remarquable. Dans l'échantillon des 15 pays étudiés par Crouch, la classification en fonction de l'attitude des États vis-à-vis du développement syndical entre 1870 et 1900 explique 53 % de la variance des opinions des managers sur les relations sociales dans l'entreprise en 1999. Les pays où le développement syndical au XIXe siècle a été faible et tardif sont précisément ceux qui souffrent aujourd'hui d'un manque de confiance dans les relations de travail. Réciproquement, les pays où les syndicats se sont implantés rapidement sont ceux qui ont aujourd'hui des relations sociales constructives.

Le fait que le développement syndical et les relations sociales au XIXe siècle puissent prédire la qualité des relations entre managers et employés aujourd'hui ne signifie pas que le détermi-

1. Le code pour la Belgique doit être plus grand que 0 et inférieur à 2, mais sa valeur précise est arbitraire : je choisis 1, mais les résultats sont virtuellement identiques si j'utilise 0.5 ou 1.5.

nisme historique soit absolu, ni que les pratiques managériales soient restées les mêmes depuis cette époque. Certaines évolutions ont été partagées par tous les pays : aplanissement des hiérarchies, organisation flexible pour être plus proche du client, etc. Ainsi, les relations humaines au sein d'une entreprise française moderne sont peut-être meilleures qu'elles ne l'étaient au sein d'une entreprise danoise il y a cinquante ans. Mais, entre-temps, les entreprises danoises ne sont pas restées immobiles et elles ont continué à innover, de sorte que, même s'il existe une évolution commune, les positions relatives sont restées plus ou moins inchangées.

Cette influence des conditions initiales après plus d'un siècle est tout à fait frappante. On ne s'attardera pas ici sur les facteurs responsables de ces conditions initiales visiblement déterminantes (Crouch insiste, pour sa part, sur le rôle du contexte religieux, et notamment de l'Église catholique). En revanche, il importe de s'expliquer la persistance de ces différences initiales entre les pays. La classification de Crouch ne nous dit pas comment ces conditions initiales peuvent encore avoir une influence plus d'un siècle après l'établissement des premiers syndicats. Or, dans le cas de la France, le défi consiste justement à expliquer la stabilité d'un équilibre économique qui marche sur la tête depuis bientôt cent ans. Nous devons comprendre l'influence des attitudes des employés sur celles des managers, mais aussi, en sens inverse, l'influence du management sur le comportement des employés. Il nous faut donc en venir au cœur de notre affaire et examiner le rôle du patronat.

De la répression au paternalisme

Les conflits du travail connaissent une augmentation dramatique dans la seconde moitié du XIXe siècle et jusqu'à la Première Guerre mondiale. Selon Michelle Perrot, on compte en France environ 100 grèves par an de 1864 à 1880, 500 vers 1900 et 1000 en 1913[1]. Les grèves deviennent aussi plus longues (de 10 jours à 18 jours en moyenne) alors que le nombre de grévistes par grève décroît légèrement. Aux États-Unis aussi les conflits augmentent et deviennent plus violents. Ainsi en 1893, les employés de la compagnie nationale de caisses enregistreuses, la NCR[2], incendient leur usine trois fois en moins de douze mois. Les commentateurs s'accordent sur l'ubiquité du phénomène et dénoncent le gâchis et les pertes dus aux conflits sociaux.

La réponse initiale du patronat, en Amérique comme ailleurs, fut la répression. Répression souvent violente, comme en 1892 à Homestead, en Pennsylvanie. En janvier, Henry Clay Frick, directeur de l'usine locale de la Carnegie Steel Company, avait annoncé une baisse des salaires de 18 %. Les représentants syndicaux protestèrent, mais, plutôt que de discuter, Frick décida le 2 juillet de fermer l'usine et de licencier 3 800 travailleurs. Il fit alors appel aux détectives de l'agence Pinkerton, une véritable petite armée privée qui arriva de Pittsburgh en bateau à l'aube du 6 juillet afin de reprendre le contrôle de l'usine. Alors qu'ils étaient sur le point de débarquer, les Pinkertons furent accueillis par la foule en colère des travailleurs de Homestead et de leurs familles. La bataille fit rage de quatre heures du matin à cinq heures de l'après-midi. 9 grévistes et 7 détectives trouvèrent la mort et il y eut plus de 300 blessés.

Les managers américains durent bientôt admettre la faillite de leur stratégie répressive et se tournèrent vers des solutions d'apaisement. Ils mirent en place des programmes d'assistance et accordèrent de nouveaux droits à leurs employés. Cette stratégie devait être « l'antidote aux conflits sociaux de la fin du XIXe siècle »[3]. Patterson, le PDG et fondateur de la NCR, comprit que cette nouvelle approche pouvait empêcher son capital de partir

1. Michelle Perrot, *Les Ouvriers en grève*, Paris, Éditions de l'EHESS, 2001.
2. National Cash Register Company.
3. Nikki Mandel, *The Corporation as Family : The Gendering of Corporate Welfare, 1890-1930*, University of North Carolina Press, 2002.

en fumée (littéralement !), et son entreprise en devint l'un des fleurons[1]. Le « paternalisme bienveillant » était né.

L'exemple d'Endicott-Johnson, analysé par Gerald Zahavi[2], permet de comprendre les transformations de l'attitude patronale et les succès de l'approche paternaliste. George Francis Johnson naquit en 1857 dans le Massachusetts, commença à travailler dans une usine de chaussures dès l'âge de 13 ans, et devint rapidement expert dans la finition des bottes. À l'âge de 21 ans, il était déjà contremaître. « J'imaginais que le mieux était de faire travailler les hommes aussi dur que possible en les payant suffisamment peu pour qu'ils soient obligés de travailler toute la journée afin de subvenir à leurs besoins. » Nul doute que ce genre d'attitude encouragea le militantisme des travailleurs du Massachusetts, qui avaient déjà formé des syndicats combatifs dans les années 1860 et n'étaient pas insensibles aux idées socialistes. C'est à cette époque que la vision de Johnson se modifia radicalement : « J'avais toujours été anxieux d'avoir de l'argent, mais quand j'ai commencé à en gagner de plus en plus, j'ai découvert que les choses qui valent vraiment la peine ne peuvent que rarement être achetées. J'ai commencé à me demander s'il ne serait pas mieux de faire plus attention au côté humain, au fait que les travailleurs ont un cœur et pas seulement des bras, et qu'un dirigeant d'industrie devrait assumer certaines responsabilités et pas seulement encaisser les profits. » Johnson devint partenaire d'Endicott en 1900 et commença à transformer les relations entre travailleurs et dirigeants dans son entreprise. Comme le montre Zahavi, le but, on pourrait presque dire l'obsession, de Johnson était d'établir « une communauté industrielle dans laquelle les intérêts des travailleurs et des managers seraient inextricablement liés ». Pour cela, il introduisit un programme de partage

1. Andre Tone, *The Business of Benevolence: Industrial Paternalism in Progressive America*, Cornell University Press, 1997.

2. Gerald Zahavi, « Negotiated Loyalty : Welfare Capitalism and the Shoeworkers of Endicott Johnson, 1920-1940 », *Journal of American History*, décembre 1983.

des profits dès 1919, qui eut pour effet de réduire considérablement le taux de rotation de la main-d'œuvre, et qui permit de réaliser des économies sur les coûts de formation. « Vous faites maintenant partie de la Famille Heureuse », disait la brochure distribuée aux ouvriers nouvellement embauchés par l'entreprise dans les années 1920. George F. Johnson était lui-même décrit comme le père d'une vaste et loyale famille : « La transposition de l'employeur en figure paternelle avait pour but de faire des conflits industriels l'équivalent du parricide. » Cette stratégie fut couronnée de succès : la rotation de la main-d'œuvre était deux fois plus faible que chez ses concurrents, les grèves peu fréquentes, et surtout, les travailleurs d'Endicott-Johnson refusèrent systématiquement de se syndiquer.

En France, Frédéric Le Play définit d'abord le patronage comme un « lien volontaire d'intérêt et d'affection » entre les ouvriers et le patron, destiné à remplacer les liens forcés de l'Ancien Régime. Le terme de paternalisme n'apparaît que vers la fin des années 1880. Selon Gérard Noiriel, le paternalisme est une étape intermédiaire entre le patronage et le management[1]. Le patronage était pour ainsi dire calqué sur le modèle rural traditionnel : « Le patronage des maîtres de forge n'est que le prolongement des formes traditionnelles de bienfaisance. » Le patronage est en crise à la fin du XIXe siècle, car, grâce aux innovations technologiques et à l'unification du marché national par les chemins de fer, les usines deviennent plus grandes et le travail ouvrier se détache du travail agricole. Face à cette évolution, le paternalisme cherche avant tout à renforcer la légitimité du patron et la fidélité de la main-d'œuvre. En Allemagne, les Krupp construisent des maisons, des commerces, des écoles et des centres médicaux pour leurs employés. En France, les Schneider aménagent et embellissent Le Creusot, construisent des écoles et un hôpital, établissent un sys-

1. Gérard Noiriel, « Du patronage au paternalisme : la restructuration des formes de domination de la main-d'œuvre ouvrière dans l'industrie métallurgique française », *Le Mouvement social*, n° 144, 1988.

tème de retraite et d'assurance contre les accidents du travail. Les Michelin mettent en place un système de protection sociale.

La famille et l'autorité patriarcale sont donc au cœur de l'approche paternaliste. L'entreprise est présentée comme une famille dont le patron serait le père. Elle prend soin de la famille de l'ouvrier dont l'autorité paternelle est mise à profit quand ses enfants commencent à travailler à l'usine. Il s'agit par-dessus tout d'asseoir l'autorité du patron, d'assurer l'adhésion des travailleurs et de décourager le militantisme. Michelle Perrot résume bien les succès de la stratégie paternaliste : « Le patron est vu comme le père qui fournit du travail à ses enfants, les protège, les associe à l'histoire de sa famille. Le "nous" remplace le "ils" de l'indifférence ou de l'hostilité. Et il arrive que les ouvriers s'identifient à la "maison" pour laquelle ils travaillent, se vantent de leur stabilité, du recrutement héréditaire qui lie leur lignée à l'entreprise[1]. »

Les limites du management familial

La stratégie paternaliste de gestion des conflits du travail semble donc avoir été universelle vers la fin du XIXe siècle. Pourtant, elle évolua ensuite différemment selon les pays. En effet, dès le début du XXe siècle, le management des grandes entreprises allemandes et américaines se professionnalise. En Angleterre, et surtout en France, le management reste majoritairement familial et les performances économiques s'en ressentent.

Les historiens américains David Landes et Alfred Chandler ont bien mis en évidence les limites du management familial dans les années 1900[2]. Aux États-Unis, le contrôle familial du capital

1. M. Perrot, « Le regard de l'Autre... », art. cité.

2. Alfred D. Chandler, Jr, *Scale and Scope : The Dynamics of Industrial Capitalism*, Harvard University Press, 1990.

des entreprises est dominant jusqu'à la Première Guerre mondiale, mais déjà le management y est confié à des professionnels. La tendance s'accentue encore après la guerre, quand la taille des entreprises devient telle qu'une seule famille ne peut plus pourvoir à tous les postes managériaux.

Chandler voit un lien direct entre l'atonie des capitalismes britannique et français et le management familial qui prive les entreprises des capacités nécessaires à l'exploitation des économies d'échelles caractéristiques des nouvelles industries de l'époque. Au contraire, « en Allemagne et aux États-Unis, les entrepreneurs firent les investissements en infrastructures et en personnels nécessaires pour exploiter les rendements d'échelle. Les entrepreneurs partagèrent bientôt la direction des entreprises avec les managers qu'ils avaient eux-mêmes recrutés ».

Les faillites du management français ne passent pas inaperçues et alimentent les rancœurs des ouvriers. Les patrons français sont perçus comme « des jouisseurs qui allient l'oisiveté aristocratique à la bamboche bourgeoise »[1]. « Les délégués ouvriers aux Expositions [...] assistent, atterrés, au prodigieux développement allemand et américain et mettent en cause la mauvaise gestion du capitalisme français. » « La vision dominante est toujours celle d'un capitalisme bancaire, spéculateur, sans envergure et rentier à la fois » alors que « le capitalisme des autres États se démène en vue de développer son commerce international ».

Il est important de comprendre que ces avantages comparatifs en termes managériaux sont des données structurelles de l'économie. Pour s'en convaincre, il suffit de considérer les parts de marché des entreprises allemandes dans les années 1920. On peut considérer qu'elles furent privées d'accès aux marchés étrangers, ou au minimum mises dans des situations très désavantageuses, de 1914 à 1924. De la fin de la guerre jusqu'à la stabilisation de l'économie allemande, ce sont 6 bonnes années que les entreprises

1. M. Perrot, « Le regard de l'Autre... », art. cité.

françaises et anglaises ont eues pour refaire leur retard. Et pourtant, après 1924, les mêmes causes produisirent les mêmes effets : les entreprises allemandes établirent de nouveau leurs positions dominantes dans les industries de pointe.

À la veille de la Seconde Guerre mondiale, Ford est l'une des seules entreprises américaines parmi les 200 plus grandes dont le directeur n'est pas un professionnel extérieur à la famille fondatrice. À la même époque, le capitalisme français est encore un capitalisme familial où les héritiers dominent. Pourquoi particulièrement en France ? D'un côté, comme nous l'avons vu, l'hostilité des relations sociales a encouragé des pratiques managériales paternalistes et l'entreprise familiale possède dans ce domaine un avantage naturel. En même temps, les valeurs conservatrices de la bourgeoisie française ne demandaient qu'à s'exprimer, et l'on peut faire un lien entre les mauvaises relations sociales et la prédilection française pour les hiérarchies rigides et la notion de statut. La hiérarchie familiale n'est, en ce sens, qu'une hiérarchie parmi d'autres. Michelle Lamont remarque que « la fascination du pouvoir a souvent été mise en relation avec la structure de l'entreprise française traditionnelle, avec son autorité centralisée, ses divisions fines entre les couches et les unités qui opèrent, et sa gestion conservatrice et prudente jusqu'au plus bas niveau[1] ». Je ne prétends pas ici déterminer quel fut le facteur dominant. Ce fut peut-être « l'intransigeance du syndicaliste révolutionnaire », ou peut-être « le réflexe de classe de l'entrepreneur bourgeois »[2]. Finalement peu importe, le système économique était en crise et déjà l'on parlait du déclin de la France[3].

1. M. Lamont, *op. cit.*

2. Michel Crozier, *Le Phénomène bureaucratique*, Paris, Seuil, 1963, p. 325.

3. Charles Mourre, *D'où vient la décadence économique de la France ?*, Paris, Plon, 1899.

Le phénomène bureaucratique

Si le paternalisme caractérise les relations de travail du XIXe au début du XXe siècle, c'est sans doute le phénomène bureaucratique, pour reprendre l'expression de Michel Crozier, qui définit le mieux le management des grandes entreprises de l'après-guerre. Par certains aspects, ce nouveau style de management semble s'éloigner du paternalisme, et la grande organisation bureaucratique diffère de l'entreprise familiale traditionnelle par de nombreux aspects.

Il existe pourtant des similitudes entre le paternalisme et le phénomène bureaucratique. Ainsi, de la même manière que le capitalisme français d'avant-guerre avait été particulièrement paternaliste, le capitalisme français d'après-guerre fut particulièrement bureaucratique. Je vais tenter de montrer qu'au-delà de leurs différences, ces deux systèmes répondent aux mêmes difficultés fondamentales dans l'organisation du travail en commun. De plus, le phénomène bureaucratique a joué un rôle déterminant dans la continuation des mauvaises relations de travail en France.

Le constat de l'échec du management français à créer des relations sociales productives réapparaît après la Seconde Guerre mondiale lors de la mise en place du plan Marshall. À l'heure de la reconstruction, l'AFAP (Association française pour l'accroissement de la productivité) envoie des missions aux États-Unis pour comprendre les causes des écarts de productivité du travail avec la France. Que découvrent-ils ? Que le retard principal de la France n'est pas technologique, mais concentré dans la gestion des ressources humaines. Comme le note Luc Boltanski, « les expert américains envoyés en France dans le cadre du plan Marshall concentrent leurs critiques sur les chefs d'entreprise et les patrons français. Rappelant que l'attitude constructive dont font preuve les ouvriers aux États-Unis dépend d'abord de l'attitude constructive de la direction, ils reprochent, notamment, aux dirigeants français de s'opposer à tout changement constructif, [...] de ne pas laisser une responsabilité et une autorité suffisantes à leurs subordonnés[1]... ». De manière générale, les Français ne sont pas « conscients du rapport direct qui existe entre un niveau élevé de productivité et l'application de saines méthodes en matière de rapports humains[2] ».

D'une certaine manière, la France passe d'un capitalisme familial avant 1940 à un capitalisme bureaucratique après 1945. Ces deux modes d'organisation apportent, chacun à sa façon, une réponse au problème fondamental de l'autorité et de la coopération dans les relations de travail. Dans le modèle familial et paternaliste, l'autorité fonctionnelle s'identifie à l'autorité patriarcale qui lui donne sa légitimité. Dans le modèle bureaucratique, « l'autorité est convertie le plus possible en règles impersonnelles et les structures mêmes de l'organisation semblent agencées de telle sorte qu'une distance suffisante puisse s'établir entre les gens qui ont à prendre des décisions et ceux qui sont affectés par ces décisions[3] ». L'organisation bureaucratique résout les problèmes créés par la défiance des Français envers les relations d'autorité directe, « puisque l'existence de règles impersonnelles et la centralisation permettent à la fois de conserver une conception absolutiste de l'autorité et d'éliminer toutes les relations directes de dépendance[4] ».

Ce raisonnement suggère que la nature des organisations dépend du degré de confiance qui existe entre les managers et les employés. Effectivement, 45 % des managers français et 50 % des managers italiens pensent que la principale raison pour avoir une structure hiérarchique est de savoir qui a ou n'a pas autorité sur qui[5].

---

1. Luc Boltanski, *Les Cadres. La formation d'un groupe social*, Paris, Éditions de Minuit, 1982.

2. L. Boltanski, *op. cit.*

3. M. Crozier, *op. cit.*, p. 270.

4. *Ibid.*

5. Charles Hampden-Turner et Alfons Trompenaars, *The Seven Cultures of Capitalism. Value Systems for Creating Wealth in the US, Japan, Germany, France, Britain, Sweden, and the Netherlands*, Doubleday, 1993.

Seuls 18 % des managers américains et 24 % des managers allemands pensent de même. En Allemagne et aux États-Unis, deux pays où la confiance entre managers et employés est plutôt bonne, l'organisation de l'entreprise est choisie selon des critères économiques. En France et en Italie, l'organisation de l'entreprise est choisie pour protéger les individus les uns des autres. Cela suppose une définition minutieuse des tâches et des statuts, de manière à ce que chacun puisse se soustraire à l'arbitraire de l'autre.

Une condition nécessaire du renouvellement des élites managériales est l'existence d'un système de promotion interne légitime et efficace. Or, l'organisation bureaucratique française n'est pas propice à cela, car le rôle du dirigeant y est sévèrement limité : « L'embauche du personnel lui échappe ; le renvoi lui est interdit ; il ne peut promouvoir ses subordonnés, ni même contribuer de façon significative à leur promotion[1]. » De ce fait, le management français a longtemps souffert et souffre encore dans une certaine mesure d'une incapacité à gérer la promotion interne.

Les sociologues Michel Bauer et Bénédicte Bertin-Mourot ont analysé le management des grandes entreprises françaises dans les années 1980 et au début des années 1990[2]. À cette époque, presque aucune entreprise n'a un actionnariat dispersé : les entreprises familiales, les entreprises sous contrôle étranger et sous contrôle de l'État dominent. En moyenne, les dirigeants français ont moins d'expérience dans leur entreprise que les dirigeants des autres pays. Ainsi, 46 % des patrons américains et 72 % des patrons japonais sont entrés dans leur société avant l'âge de 27 ans, contre 29 % en France. 20 % des patrons français sont entrés après l'âge de 35 ans, contre 1 % aux États-Unis. Comme le montre la Table 6, le capitalisme français se caractérise par une forte circula-

1. M. Crozier, *op. cit.*, p. 95.

2. Je m'appuie sur trois livres de Michel Bauer et Bénédicte Bertin-Mourot : *Les 200. Comment devient-on un grand patron ?*, Seuil, 1987 ; *Vers un modèle européen de dirigeants ?*, ABACUS Éditions, 1996 ; *Radiographie des grands patrons français*, Éditions L'Harmattan, 1997.

tion des élites de l'État vers les entreprises, et une faiblesse de la promotion interne managériale. Dans les entreprises à management familial, la faiblesse de la promotion interne participe de la nature de l'entreprise, puisque le futur patron est aussi choisi selon son origine et non pas exclusivement selon sa compétence.

Table 6
Les patrons des grandes entreprises

6a : Comparaison européenne au début des années 1990

	France	*Allemagne*	*Royaume-Uni*
Dirigeants familiaux	32 %	23 %	20 %
Carrières dans la formation publique	47 %	11 %	29 %
Carrières en entreprise	21 %	66 %	51 %

6b : la France au cours du temps

	1985	*1989*	*1993*
Fondateurs	10,4 %	9,5 %	8,3 %
Héritiers	17,6 %	24,5 %	23,7 %
Carrières dans la formation publique	41 %	44 %	47 %
Carrières en entreprise	31 %	22 %	21 %
X	25 %	27 %	27 %
ENA	11 %	19 %	23 %

Lecture : En 1985, 41 % des grandes entreprises françaises sont dirigées par des PDG qui ont fait carrière dans la fonction publique et ont été nommés directement à un poste de responsabilité dans l'entreprise. 31 % ont fait carrière dans l'entreprise et sont devenus PDG par promotion interne. 10,4 % ont fondé leur entreprise et 17,6 % en ont hérité. Source : Bauer et Bertin-Mourot (1987, 1996 et 1997).

L'absence de renouvellement des élites managériales renforce la logique du « nous » contre « eux ». Comme les dirigeants n'ont qu'une expérience limitée de la vie dans les échelons inférieurs de l'entreprise, ils sont relativement méfiants et ont moins tendance à déléguer l'autorité à leurs subordonnés. Cette prédiction est malheureusement bien vérifiée dans les données : d'après la question du GCR « Dans quelle mesure êtes-vous désireux de déléguer votre autorité ? », la France se trouve en queue de peloton, en compagnie du Portugal, de la Grèce et de l'Italie. Or, quand on analyse les données sur l'épanouissement au travail du point de vue des salariés, on s'aperçoit que la cause principale d'insatisfaction est le manque de liberté de décision.

Ayant fait ce constat, il faut tout de suite se demander pourquoi la situation n'évolue pas. Qu'est-ce qui empêche une entreprise d'innover dans ce domaine, d'encourager la promotion interne et de gagner un avantage compétitif sur ses concurrentes ? La réponse tient sans doute en partie à l'attitude des salariés. Comme on l'a vu précédemment, dans une vision du « eux » contre « nous », le supérieur hiérarchique est de toute façon suspect. De plus, partant d'une situation où la promotion interne est inopérante, il existera toujours un doute sur la manière dont telle personne est promue plutôt que telle autre. Promouvoir, c'est prendre le risque de « l'accusation de favoritisme qui dans ce système reste le péché capital[1] ». On peut donc craindre qu'il soit difficile pour une entreprise de récolter pleinement les fruits de ses efforts en matière de promotion interne, même si ces efforts sont sincères. C'est l'un des éléments du cercle vicieux.

L'État et les parachutages

Les problèmes de management ne se limitent bien évidemment pas aux entreprises privées, et les nationalisations des années 1980 illustrent bien ce phénomène. Loin de remédier à la faiblesse structurelle de la promotion interne, l'État a plutôt aggravé les choses et renforcé un travers existant. Dans leur analyse des 14 nationalisations de 1982, Michel Bauer et Bénédicte Bertin-Mourot notent qu'elles se sont traduites par la nomination de 11 nouveaux dirigeants, mais que ce changement des personnes

1. M. Crozier, *op. cit.*, p. 264.

s'est fait dans la continuité du type de recrutement : « Si les nouveaux nommés sont tous des détenteurs d'atout-État [c'est-à-dire ayant fait carrière dans la fonction publique], neuf d'entre eux ont succédé à des dirigeants eux-mêmes détenteurs de l'atout-État. Et, comme si le gouvernement avait voulu manifester symboliquement que la nationalisation de ces grandes entreprises ne changeait rien au mode de sélection de leur dirigeant, tout en les dépossédant de leurs actions, il a confirmé à leur poste deux anciens dirigeants propriétaires de leur firme : Lagardère chez Matra et Dassault chez Dassault. » Plus tard, au moment des privatisations, il n'y a pas eu non plus de grand changement : « Ces entreprises privatisées dont le capital est aujourd'hui majoritairement privé continuent de recruter leur n° 1 parmi d'anciens hauts fonctionnaires. Fin 1994, plus des deux tiers de ces treize entreprises privatisées sont dirigées par des hommes détectés du côté de l'État. » Bauer et Bertin-Mourot concluent que « les filières d'accès aux fauteuils présidentiels dans les grandes entreprises françaises n'ont donc guère été affectées par les nationalisations et par les privatisations ; réformes qui se voulaient pourtant structurelles. Les hommes ont changé, mais les conditions d'accès au sommet de ces groupes restent stables ».

Les données de la Table 6 montrent une baisse de la promotion interne et une hausse de la part des héritiers et de l'État entre 1985 et 1993. La recrudescence des parachutages étatiques s'accompagne d'une hausse de la part des énarques parmi les grands patrons. Les patrons issus de la fonction publique sont en moyenne un peu plus âgés, mais ils ont surtout moins d'ancienneté dans l'entreprise qu'ils dirigent et moins d'expérience professionnelle en général. Les héritiers au moins connaissent leur entreprise, même si leur expérience cumulée est plus faible que celle des dirigeants promus. Et surtout, la comparaison entre filiales d'entreprises françaises et filiales d'entreprises étrangères est frappante. Les patrons des filiales étrangères sont recrutés à 100 % par promotion interne ! De fait, ces filiales étrangères se retrouvent avec des dirigeants qui, bien qu'accédant au même âge au fauteuil de patron, ont une ancienneté presque deux fois plus longue et quatre années d'expérience professionnelle supplémentaires. Dans leur grande majorité (76 %), ces dirigeants sont français, mais aucun d'entre eux ne vient de la fonction publique, il n'y a pas d'énarque, et seulement 2 polytechniciens et 2 HEC (toutes ces données valent pour 1993).

Le moins que l'on puisse dire est que les critères de choix des dirigeants ne sont pas les mêmes dans les entreprises françaises et étrangères. En dépit de quelques évolutions récentes, notamment avec les privatisations, les économistes Francis Kramarz et David Thesmar ont pu montrer que 12 % des entreprises cotées à Paris sont dirigées par d'anciens membres de cabinets ministériels. De plus, comme ces entreprises sont en moyenne très grandes, elles représentent 65 % de la capitalisation boursière[1].

Le cercle vicieux

Nous avons montré que l'avantage comparatif de certains pays en matière de relations sociales était déjà perceptible au XIXe siècle. Confrontés à des problèmes comparables, certains pays sont parvenus à des modes de régulations efficaces, d'autres pas. Le conflit met en jeu trois acteurs distincts : les dirigeants d'entreprises (et les familles qui possèdent le capital), les salariés (et les syndicats) et l'État (et les hommes politiques). Chacun des acteurs exerce une influence sur les deux autres, et nous ne pouvons pas analyser ici toute la complexité de ces jeux de pouvoir. Nous allons simplement en résumer quelques facettes.

D'une part, les entreprises adaptent leur organisation pour minimiser les risques et les coûts des conflits. Lorsque les employés refusent de coopérer, elles développent des pratiques managériales

1. Francis Kramarz et David Thesmar, « Social Networks in the Boardroom », document de travail du CREST, 2006.

paternalistes et hiérarchiques, voire autoritaires. L'absence de confiance des subordonnés envers les dirigeants et la suspicion de favoritisme rend problématique la mise en place d'un système légitime de promotion interne. Dans un tel monde, le capitalisme deviendra soit familial, soit bureaucratique. Le capitalisme familial facilite naturellement le paternalisme, et la transmission héréditaire des entreprises rend inutile, dans une certaine mesure, la sélection des dirigeants par promotion interne. Dans le système bureaucratique, les subordonnés sont protégés par « l'impossibilité où se trouve l'autorité supérieure de rompre l'égalité qui règne entre eux pour intervenir dans leurs affaires[1] ».

En retour, la confiance et l'attitude des salariés dépendent évidemment du comportement des managers et de la capacité du système économique à évoluer en créant une dynamique positive pour le plus grand nombre. À ce titre, le phénomène bureaucratique et le capitalisme familial peuvent freiner les évolutions positives. En effet, si ces modes d'organisation permettent de minimiser les conflits, ils limitent la délégation d'autorité et le renouvellement des élites managériales. Or, à long terme, ce sont sans doute les deux facteurs les plus importants pour établir la confiance et la coopération dans le travail. Donc, si l'on prend comme données certaines pratiques managériales autoritaires, on comprend la méfiance et le refus de coopérer de la part des employés.

Il faut finalement mentionner le rôle de l'État, qui intervient de diverses manières, en réponse aux pressions des groupes et des lobbies, ou de sa propre initiative. L'État est intervenu directement dans le développement syndical, comme nous l'avons vu en étudiant la classification de Crouch. Il peut inciter les syndicats et les entreprises à négocier en leur laissant un vrai pouvoir de décision, ou au contraire garder son monopole dans la régulation du système économique. À ce niveau, il existe un cercle vicieux évident dans lequel la mauvaise qualité du dialogue social peut justi-

1. M. Crozier, *op. cit.*

fier l'intervention de l'État, cette intervention déresponsabilisant en retour les négociateurs potentiels, et détruisant finalement les incitations au dialogue qu'elle aurait pourtant dû protéger. Ce phénomène a des racines anciennes. Pour reprendre la célèbre analyse de Tocqueville, « la division des classes fut le crime de l'ancienne royauté, et devint plus tard son excuse ; car, quand tous ceux qui composent la partie riche et éclairée de la nation ne peuvent plus s'entendre et s'entraider dans le gouvernement, l'administration du pays par lui-même est comme impossible, et il faut qu'un maître intervienne[1] ».

Comment doit-on interpréter la situation de la France dans ce contexte ? Le propre d'un cercle vicieux est qu'il suffit qu'un des éléments se mette en place pour que les autres suivent et abondent dans le même sens. La radicalisation des syndicats a rendu difficiles la coopération et la délégation d'autorité au sein des entreprises, mais la prédilection du management français pour les hiérarchies rigides et les statuts prestigieux a certainement terni l'image des dirigeants et contribué à l'atonie du capitalisme managérial. Comme les actions de l'État n'ont fait que renforcer ces travers existants, chacun peut constater que la France possède de quoi boucler plusieurs cercles vicieux. Jusqu'où faut-il remonter pour comprendre les origines de ces comportements ? Tocqueville analysait déjà les contradictions d'une nation « plus capable de génie que de bon sens », « indocile par tempérament, et s'accommodant mieux toutefois de l'empire arbitraire d'un prince que du gouvernement régulier et libre des principaux citoyens »[2]. Faut-il y voir les traces d'une conception particulière de la liberté, qui, selon Philippe d'Iribarne[3], insiste sur la noblesse, l'honneur et le statut ?

---

1. Alexis de Tocqueville, *L'Ancien Régime et la Révolution*, Paris, Gallimard, 1967, p. 189.
2. Tocqueville, *op. cit.*, p. 320.
3. Philippe d'Iribarne, *L'Étrangeté française*, Paris, Seuil, 2006.

CHAPITRE III

Le capitalisme familial aujourd'hui

> « Il n'y a pas de capitalisme qui ne soit pas familial. L'anomalie du capitalisme, c'est le marché. »
>
> Ernest-Antoine Seillière, *Le Monde* du 30 juillet 2002

Selon Michel Crozier, « le système bureaucratique d'organisation constitue la meilleure solution possible des contradictions dont souffrent les Français en matière d'autorité[1] ». En fait, il faudrait ajouter que le capitalisme familial constitue également une solution à ces contradictions, une solution qui est, par certains aspects, plus souple et plus efficace, mais qui peut également devenir un facteur de blocage.

Le modèle bureaucratique est tombé en désuétude, au moins dans le secteur privé, et l'État se désengage petit à petit de l'organisation de l'économie. Le capitalisme familial, au contraire, se porte bien et semble jouer le rôle de valeur refuge face au refus du libéralisme. Il convient donc de nous pencher sur les évolutions récentes du capitalisme familial.

Il existe deux approches distinctes du capitalisme familial. La première se réfère au contrôle de l'actionnariat, lorsqu'une famille, ou plus rarement un groupe de familles, possède une

1. M. Crozier, *op. cit.*

part importante des droits de votes liés aux actions d'une entreprise. La seconde se réfère au management des entreprises, lorsque l'entreprise est dirigée par un membre de la famille du fondateur.

La concentration de l'actionnariat

Comme nous l'avons vu, le paternalisme s'est développé vers la fin du XIXe siècle dans un climat de conflits sociaux répétés et violents. De même, le « welfare capitalism » (ou capitalisme de la protection sociale), qui succède au paternalisme, est apparu aux États-Unis dans les années 1920 suite aux grèves de masse et aux conflits de 1919. Nous allons maintenant nous intéresser aux entreprises de la fin du XXe siècle, en définissant deux notions utiles : l'actionnaire de référence et la chaîne de contrôle.

Un actionnaire de référence est un actionnaire qui détient une part non négligeable des actions d'une entreprise. On utilise en général ce terme quand la part est supérieure à 10 % et quand elle est relativement stable dans le temps. Nombre de sociétés cotées européennes possèdent un ou des actionnaires de référence, qui sont le plus souvent des groupes familiaux : Bouygues, Lagardère, LVMH en France ; Hugo Boss en Allemagne ; Ryanair en Irlande ; Benetton, Fiat en Italie ; Barbour, Sainsbury au Royaume-Uni. Les actionnaires de référence peuvent aussi être des groupes mutualistes, comme le Crédit Agricole, des banques, d'autres sociétés cotées ou des États.

La notion de chaîne de contrôle permet de simplifier la typologie des actionnaires de référence. La construction de la chaîne de contrôle est un exercice complexe dont je survole ici les détails pour me concentrer sur l'essentiel : pour chaque entreprise, on recherche l'actionnaire de référence ultime, qui détient le contrôle, et qui peut être soit l'État, soit une famille, soit une multitude d'actionnaires anonymes[1].

Toutes les entreprises naissent familiales, mais toutes ne le restent pas et la fraction d'entreprises à contrôle familial parmi les entreprises cotées varie beaucoup d'un pays à l'autre : elle est de 64,8 % en France mais seulement de 23,7 % au Royaume-Uni (voir la Table 1). Comme Bauer et Bertin-Mourot le font remarquer, « la rareté des mutations d'entreprises familiales modestes en grands groupes à actionnariat dispersé manifeste un des traits fondamentaux du capitalisme national[2] ». Pour comprendre de telles différences entre les pays, nous devons d'abord répondre à une question : qu'est-ce qui pousse une entreprise familiale à se transformer en grand groupe à actionnariat dispersé ?

En pratique, la dilution du contrôle de l'actionnaire de référence est avant tout une conséquence de la croissance de l'entreprise, dans la mesure où celle-ci émet des actions pour financer ses investissements ou ses acquisitions[3]. La croissance n'est pourtant pas l'unique facteur qui entre en ligne de compte : il y a aussi un bénéfice propre à la diversification. Une famille qui investit une large part de ses ressources financières dans une seule entreprise prend des risques importants. Toutes choses égales par ailleurs, il serait préférable de diversifier son patrimoine. Dès lors, pourquoi

---

1. S'il n'y a pas d'actionnaire de référence, c'est-à-dire si aucun actionnaire ne détient plus de 10 % (ou 20 % si l'on préfère une définition plus stricte) des actions, on classifie l'entreprise comme ayant un actionnariat dispersé. Si l'actionnaire de référence est une famille, l'entreprise est à contrôle familial, et s'il s'agit de l'État, elle est à contrôle étatique. Dans le cas où l'actionnaire de référence est une société, on remonte d'un échelon et on s'intéresse à la structure du capital de cette société. On procède ainsi de suite jusqu'à ce que, en bout de chaîne, on trouve soit un actionnariat dispersé, soit un groupe familial, soit l'État. Les sociétés cotées et les banques sont donc traitées comme des maillons intermédiaires de la chaîne de contrôle.

2. M. Bauer et B. Bertin-Mourot, *Les 200…*, *op. cit.*

3. Voir par exemple Jean Helwege, Christo Pirinski et René Stulz, « Why Do Firms Become Widely Held ? An Analysis of the Dynamics of Corporate Ownership », document de travail 11505, NBER, 2005.

ne pas diluer immédiatement sa part ? Parce que cela entraînerait la perte du contrôle. La famille du fondateur peut avoir un attachement psychologique à l'entreprise et souhaiter en garder le contrôle. Elle peut également en retirer des avantages en nature, parfois au détriment des actionnaires minoritaires. Finalement, l'actionnaire de référence possède un contrôle réel sur le management de l'entreprise que des actionnaires minoritaires ne peuvent pas avoir.

Dans une étude portant sur 27 pays, les économistes Rafael La Porta, Florencio Lopez-de-Silanes et Andrei Shleifer montrent que les structures actionnariales de contrôle sont plus concentrées lorsque la protection des actionnaires minoritaires est moins bonne[1]. L'environnement juridique explique certainement une partie des différences entre les pays développés et les pays en voie de développement, mais lorsque l'on compare la France et l'Angleterre, le pouvoir explicatif de ce paramètre est faible. Il n'y a pas non plus de raison de penser que les perspectives de croissance soient systématiquement plus fortes au Royaume-Uni, que les familles françaises soient moins soucieuses de diversifier leurs portefeuilles, ou que les actionnaires minoritaires soient moins bien protégés. De même, on ne voit pas pourquoi le bénéfice du contrôle sur le management serait plus élevé en France, sauf à supposer que les managers français soient systématiquement plus voleurs que leurs homologues étrangers. Mais alors, encore une fois, pourquoi y a-t-il plus d'entreprises familiales en France ?

L'analyse de la stratégie paternaliste suggère que les entreprises familiales ont eu un avantage comparatif pour régler les conflits sociaux du XIXe siècle. En mettant l'accent sur le bien-être des employés, cette stratégie a fait reculer le syndicalisme et réduit les conflits du travail. Dans une large mesure, l'État-providence s'est depuis substitué aux employeurs privés pour la prise en

---

1. Rafael La Porta, Florencio Lopez-de-Silanes et Andrei Shleifer, « Corporate Ownership Around the World », *Journal of Finance*, 2006.

charge de l'assurance maladie et des caisses de retraites, et pour la construction des écoles et des hôpitaux. Cependant, même en ce début de XXIe siècle, les entreprises familiales possèdent encore des atouts. Le Canada fournit à cet égard un exemple intéressant. Les régulations des marchés financiers sont pour l'essentiel mêmes dans toutes les provinces canadiennes, et pourtant, il y a plus d'entreprises familiales au Québec francophone, où les relations sociales sont conflictuelles, que dans l'Ontario anglophone, où elles sont plutôt bonnes.

Figure 3
Relations du travail et capitalisme familial

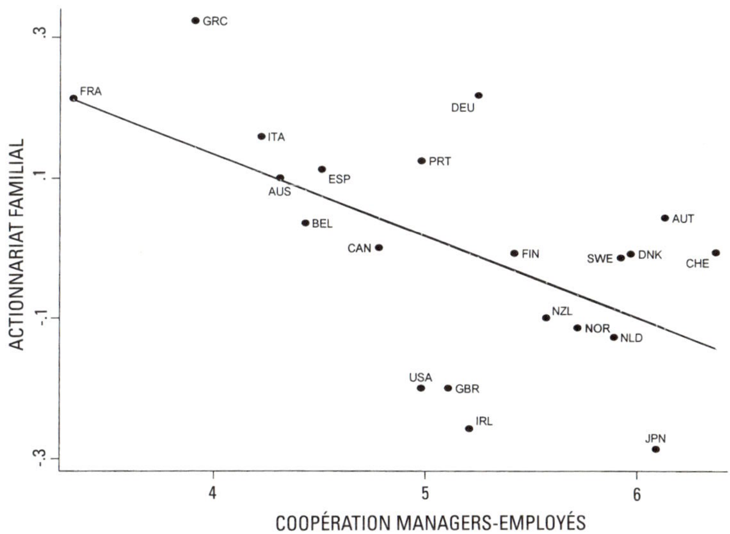

Source: Global Competitiveness Report (GCR, 1999) et Mueller-Philippon (2006)

Lecture: L'axe vertical représente la fraction d'entreprises cotées dont l'actionnaire principal est une famille, corrigée pour les différences de taille entre les pays. En France la proportion est de 20 % supérieure à celle des pays de taille comparable. L'axe horizontal correspond aux réponses des managers à la question du GCR : « les relations avec vos employés sont-elles coopératives ou conflictuelles ? ». Les réponses vont de 1 (très hostiles) à 7 (très coopératives).

Holger Mueller et moi avons étudié les liens entre capitalisme familial et relations sociales au sein des entreprises, au niveau des industries et entre les pays [1]. Nous montrons qu'il y a effectivement plus d'entreprises familiales dans les pays où les relations sociales sont hostiles, comme on peut le constater sur la Figure 3. Pour construire cette figure, j'ai corrigé la fraction d'entreprises à actionnariat familial de la Table 1 pour supprimer un biais possible dû aux différences de tailles entre les pays [2]. La fraction ainsi corrigée est donc directement comparable d'un pays à l'autre, et elle mesure la sur- ou sous-représentation des entreprises familiales dans la population des entreprises cotées. La Figure 3 montre qu'il existe une relation négative claire entre la qualité des relations sociales dans l'entreprise et la prépondérance de l'actionnariat familial.

Nous montrons également que l'impact des relations sociales sur la concentration du contrôle actionnarial dépend de la nature de l'industrie : l'impact est plus fort dans les industries où la part du travail est plus grande. Cette prédiction est plus subtile, mais non moins intéressante. Notre hypothèse est celle d'un avantage comparatif des entreprises familiales face aux conflits du travail. Cet avantage comparatif devrait être déterminant dans les industries où la part du travail dans la valeur ajoutée est importante. On s'attend donc à trouver relativement plus d'entreprises familiales dans les industries intensives en travail des pays où les relations sont conflictuelles. Nous confirmons cette hypothèse [3].

---

1. Holger Mueller et Thomas Philippon, « Family Firms, Paternalism, and Labor Relations », document de travail du NBER, 2006.

2. En effet, les pays les plus peuplés ont tendance à avoir des entreprises de tailles supérieures. Toutes choses égales par ailleurs, il y aurait donc sans doute une plus grande fraction d'entreprises à actionnariat dispersé aux États-Unis qu'au Portugal.

3. Sans entrer dans les détails techniques, cette manière de travailler est très utile pour établir le caractère causal de la relation car elle permet de se débarrasser des effets fixes de pays dont l'interprétation est parfois délicate. Nous établissons donc la causalité à la fois par une approche instrumentale classique en utilisant la classification de Crouch comme instrument, et par une approche désagrégée au niveau sectoriel.

Concrètement, cela signifie que, si la France a en moyenne plus d'entreprises familiales, celles-ci ne sont pas distribuées uniformément dans toutes les industries : par rapport aux États-Unis, elles se trouvent relativement plus souvent dans les industries où le facteur travail est plus important, dans le secteur de la distribution par exemple, et moins souvent dans les industries où le facteur capital est prépondérant, comme les industries lourdes.

Capitalisme familial et relations sociales

La Figure 3 met en évidence le fait qu'il y a plus d'entreprises familiales dans les pays où les relations sociales sont plus hostiles. Les entreprises familiales sont-elles responsables de cette hostilité ? Dans une large mesure, la réponse est négative, mais elle dépend aussi de l'échelle à laquelle on conduit l'analyse.

À l'échelle d'une entreprise, le capitalisme familial n'engendre pas d'hostilité particulière, bien au contraire. Il y a au moins deux manières de s'en convaincre. La première est de constater que les relations sociales en France sont aussi mauvaises dans les administrations et les entreprises publiques que dans les entreprises privées. Ainsi, 21 % des employés du secteur privé anticipent que leurs mérites seront reconnus et récompensés. C'est faible, mais c'est tout de même nettement mieux que 9 % dans les entreprises publiques et 5 % dans la fonction publique[1] ! On ne peut donc pas jeter la pierre aux entreprises privées en général, et familiales en particulier. La seconde preuve que le capitalisme familial n'engendre pas directement d'hostilité (au moins à court terme et à l'échelle d'une entreprise) est qu'il y a en fait moins de conflits dans les entreprises familiales que dans les autres entre-

1. Capgemini Consulting, en coopération avec TNS Sofres, *À l'écoute des Français au travail*, avril 2005.

prises. Plusieurs études permettent de mieux comprendre ce phénomène.

En étudiant l'ensemble des entreprises françaises cotées, les économistes David Sraer et David Thesmar montrent qu'environ 70 % d'entre elles sont contrôlées par un actionnaire familial, et que 55 % sont dirigées par le fondateur ou par un(e) de ses descendant(e)s[1]. Ils montrent également qu'en France les entreprises familiales offrent à leurs employés une forme d'assurance contre le risque de perte d'emploi. Ils calculent les réactions de l'emploi aux chocs macro-économiques et concluent que les entreprises familiales licencient moins que les autres en cas de retournement de conjoncture. En retour, les employés acceptent des salaires plus bas, ce qui explique, au moins en partie, les taux de profit plus élevés que l'on observe parfois dans les entreprises familiales. De manière plus générale, comme la famille est attachée à la survie de l'entreprise, elle a tendance à assurer une gestion prudente, avec un endettement faible et une prise de risque moindre. Pour les travailleurs déjà employés en CDI dans l'entreprise, cela signifie un avenir plus stable qu'ailleurs. José Allouche et Bruno Amann montrent ainsi que l'ancienneté moyenne des ingénieurs et cadres est de 13,9 années dans les entreprises familiales contre 12,7 années dans les entreprises non familiales[2].

Les entreprises familiales semblent avoir une approche de l'embauche et des licenciements différente de celle des autres entreprises. Afin d'aller plus loin et de comprendre les liens entre les relations sociales et le capitalisme familial, j'utilise les résultats de l'enquête « Réponses »[3] auprès d'un large échantillon d'établis-

---

1. David Sraer et David Thesmar, « Performance and Behavior of Family Firms : Evidence From the French Stock Market », document de travail du CREST, 2006. Leur classification est légèrement différente de celle que j'utilise dans la Table 1, ce qui explique la petite variation dans l'estimation de la proportion d'entreprises familiales (70 % au lieu de 64,8 %).

2. José Allouche et Bruno Amann, « Le retour triomphant du capitalisme familial ? », *De Jacques Cœur à Renault*, Presses de l'Université Toulouse I, 1995.

3. Voir le site de la DARES, http://www.travail.gouv.fr

sements situés en France, en particulier le volet de l'enquête qui contient les réponses des directeurs des ressources humaines. Il est possible d'apparier cette base de données avec celle construite par Sraer et Thesmar sur la structure du capital des entreprises. Une fois l'appariement effectué, on peut comparer l'organisation du travail entre les entreprises familiales et les entreprises non familiales. Je distingue trois catégories d'entreprises en fonction de leur actionnariat et de leur management. En excluant l'État, le contrôle de l'actionnariat est soit familial, soit dispersé. Parmi les entreprises à actionnariat familial, je distingue celles dont le management est familial et celles dont le management est extérieur à la famille qui contrôle l'actionnariat.

Un exemple d'entreprise à actionnariat dispersé et management professionnel est la compagnie d'assurance AXA. Un exemple d'entreprise à actionnariat familial et management professionnel est le fabriquant de cosmétique L'Oréal, contrôlé par la famille Bettencourt, mais dirigé récemment par Lindsay Owen-Jones puis par Jean-Paul Agon (à compter de 2006). Un exemple d'entreprise à actionnariat et management familial est l'entreprise Bouygues, contrôlée et dirigée par Martin Bouygues et sa famille. La Table 7 compare l'organisation du travail au niveau des établissements dans ces trois types d'entreprises. Une première caractéristique saute aux yeux : le taux de syndicalisation et le taux de conflits sont deux fois plus faibles dans les entreprises familiales. La similitude avec le début du XXe siècle est frappante. De même, un délégué syndical est absent dans seulement 15,9 % des établissements appartenant aux groupes à actionnariat dispersé, alors qu'il est absent dans presque un quart des établissements appartenant aux entreprises familiales[1]. Quand on examine la raison de cette absence, on voit que les entreprises familiales ont nettement plus tendance à décourager la représentation syndicale. Celles-ci par-

1. Ce résultat ne change pas si l'on exclut les établissements de moins de 50 employés.

viennent effectivement à limiter les conflits, mais en limitant le rôle des syndicats, et, comme le montrent les quatre dernières lignes de la Table 7, en contrôlant plus directement leurs employés.

Table 7
Syndicalisme et Conflits dans les Entreprises françaises

Type d'entreprise — Actionnariat / Management	Dispersé / Professionnel	Familial / Professionnel	Familial / Familial
Nombre d'établissements	946	223	353
Taux de syndicalisation médian des employés	10 %	5 %	5 %
Taux de conflits (au moins un conflit dans les trois dernières années)	33,0 %	16,1 %	18,7 %
Dont délégué syndical absent	15,9 %	24,7 %	23,5 %
Dont délégué syndical absent par volonté de l'entreprise	6,5 %	9,1 %	14,6 %
Dépenses de formation (% de masse salariale)	3,6 %	3,3 %	2,6 %
Le contrôle du travail s'exerce de façon permanente	61,4 %	66,3 %	71,0 %
Les salariés règlent eux-mêmes les incidents mineurs	80,3 %	78,0 %	64,1 %
Instance informelle de dialogue en plus de celles prévues par la loi	32,2 %	26,9 %	21,0 %

Source: Calculs de l'auteur à partir des données Enquête Réponses et des données de Sraer et Thesmar (2006)

Le premier enseignement que l'on peut tirer de cette analyse est que les entreprises familiales sont bien armées pour évoluer dans un environnement où les relations sociales sont difficiles.

Réciproquement, les entreprises à actionnariat dispersé semblent être les premières victimes des conflits du travail. Dans les entreprises à actionnariat dispersé, on voit que les salariés ont un peu plus de liberté de décision[1] et qu'il existe plus souvent une instance de dialogue informelle, même si elles n'y sont pas contraintes par la loi. Malheureusement, toutes ces actions n'empêchent pas un taux de conflit élevé. D'une certaine manière, on peut dire que ces entreprises ne sont pas récompensées de leurs efforts.

En utilisant une métaphore darwinienne, on pourrait dire que les entreprises familiales sont adaptées à un milieu hostile. Voilà pourquoi nous observons moins de conflits dans les entreprises familiales au sein d'un même pays, ce que la Table 7 confirme dans le cas de la France, mais aussi plus d'entreprises familiales dans les pays où les relations sociales sont plus conflictuelles, comme le montre la Figure 3.

À ce stade, on pourrait proposer une interprétation simple du cas français : les relations sociales en France sont exceptionnellement mauvaises et les entreprises s'adaptent comme elles peuvent. Le capitalisme familial serait le meilleur système possible compte tenu des spécificités françaises. Cependant, pour reprendre la métaphore darwinienne, il faut se demander quelle est l'influence du capitalisme familial sur le milieu lui-même. Autrement dit, est-ce que le capitalisme familial et la présence parfois envahissante des héritiers sont de nature à atténuer ou à renforcer les problèmes de relations sociales à long terme et au niveau de la société dans son ensemble ?

La Table 7 suggère que les entreprises familiales ont, en France, des pratiques managériales assez conservatrices. Aman et Allouche montrent qu'elles ont plus recours à l'intérim que les

1. Les dépenses de formation sont difficiles à évaluer. Bruno Aman et José Allouche (art. cité) trouvent que les entreprises familiales, dans leur échantillon, dépensent une plus grande part de leur masse salariale pour la formation que les entreprises non familiales. La Table 7 suggère des résultats inverses.

entreprises non familiales : le taux de l'intérim en équivalent temps plein est de 5,55 % dans les entreprises familiales contre 2,99 % dans les entreprises non familiales. Les travaux des économistes Nick Bloom et John Van Reenen[1] permettent d'aller plus loin et de comparer les comportements des entreprises familiales et non familiales de différents pays. En analysant le management de 732 PME industrielles aux États-Unis, en Allemagne, en Angleterre et en France, Bloom et Van Reenen montrent que la gestion des ressources humaines est particulièrement archaïque dans les entreprises où les dirigeants sont choisis par primogéniture[2]. Ces déficiences managériales expliquent une part significative des différences de productivité entre les entreprises françaises et américaines.

Les liens entre capitalisme familial et relations sociales sont donc complexes et ambigus. Le capitalisme familial permet d'éviter les conflits en diminuant le rôle des syndicats et, de ce point de vue, il a pu fonctionner historiquement comme une réponse à l'hostilité des relations sociales. Mais il va aussi de pair avec des pratiques paternalistes qui limitent l'émancipation des travailleurs et qui figent les rapports de classe au sein de la société ; de ce point de vue, il reste un facteur déterminant des mauvaises relations sociales à long terme. En particulier, le capitalisme familial risque de renforcer un défaut lancinant du capitalisme français : le manque de renouvellement des élites managériales.

1. Nick Bloom et John Van Reenen, « Measuring and Explaining Management Practices Across Firms and Countries », document de travail 716, CEPR, 2006.

2. C'est-à-dire que l'aîné, souvent le fils, prend la succession de son père à la tête de l'entreprise.

Management héréditaire et performance des entreprises

Lorsqu'on étudie le capitalisme familial, il est important de bien distinguer l'actionnariat familial du management héréditaire. Bien sûr, les deux sont liés, au sens où le management héréditaire ne peut pas dominer sans qu'il y ait une certaine concentration du contrôle actionnarial. Cependant, la réciproque n'est pas vraie. Peugeot et L'Oréal, par exemple, qui possèdent toutes les deux un actionnariat familial, ont une tradition de management professionnel. Cette remarque vaut également au niveau des pays. La France se caractérise par des concentrations relativement fortes d'actionnariat et de management héréditaire. L'Allemagne, qui, comme le montre la Figure 3, a un actionnariat familial assez développé, se caractérise au contraire par la prépondérance d'un management professionnel.

Le créateur d'entreprise est souvent un individu hors normes. Lorsqu'il tient les rênes, l'entreprise croît très rapidement. Mais « l'esprit d'entreprise » n'étant pas une donnée génétique transmissible, les générations suivantes font en moyenne moins bien. L'idée que la transmission héréditaire des postes de direction puisse avoir des conséquences néfastes sur la performance n'est certes pas nouvelle. Comme Thomas Paine l'écrivait déjà en 1776, « de toutes les preuves contre le droit héréditaire que s'arrogent les rois, une des plus fortes, c'est que la Nature même le condamne : autrement, elle ne ferait pas aussi souvent sentir le ridicule de ce droit, en donnant au genre humain un âne pour un lion[1] ». Les célèbres travaux de Landes et Chandler, que nous avons discutés au chapitre II, ont mis en lumière les conséquences économiques défavorables du management héréditaire en France et en Angleterre dans les années 1900. Qu'en est-il aujourd'hui ? Des études micro-économiques récentes permettent de préciser et de quantifier cette intuition.

1. Thomas Paine, *Le Sens commun*, 1776. Traduction de l'édition française de 1822.

La position relative de la France dans ce domaine n'a malheureusement guère changé. Bloom et Van Reenen[1] montrent le retard des entreprises françaises dans la gestion des ressources humaines, alors qu'il n'y a pas de retard au niveau technologique. Bloom et Van Reenen décomposent les différences d'efficacité économique entre la France, l'Allemagne et les États-Unis. Les scores français dans les domaines opérationnels sont en général équivalents et parfois supérieurs aux scores américains. Les mauvais scores concernent la promotion interne. Effectivement, la capacité de promouvoir les plus performants au détriment des moins performants semble limitée. J'ai évoqué ce cercle vicieux au chapitre II : dans un monde où la promotion est rare, il est plus efficace de favoriser sa carrière par des manœuvres politiques que par des efforts honnêtes. De ce fait, le promu sera toujours suspect, ce qui rendra difficile la mise en place d'un système de promotion interne légitime et performant.

Il est toujours difficile de promouvoir certains sans créer un sentiment d'injustice chez les autres. Pourtant, les Français en acceptent l'idée dans certains domaines, comme les arts et le sport par exemple. Il est *a priori* injuste que certains artistes voient leur œuvre reconnue alors que de nombreux autres sont condamnés à rester dans l'obscurité, et pourtant personne ne remet en cause ce système de promotion. De même, chacun accepte que l'équipe de France de football soit sélectionnée sur des critères compétitifs impitoyables. Cependant, pour toutes les raisons discutées au chapitre II, la méfiance et les mauvaises relations au sein des entreprises y rendent la promotion interne plus difficile qu'ailleurs. Bloom et Van Reenen analysent également les facteurs, internes et externes, qui déterminent les choix de management des entreprises. Le principal facteur externe est la concurrence sur le marché des biens : les entreprises évoluant dans un environnement compétitif choisissent des modes de management innovants. Le principal

1. N. Bloom et J. Van Reenen, art cité, 2006.

facteur interne est la primogéniture : les entreprises dirigées par les fils aînés des fondateurs semblent avoir des modes de management plus archaïques que les autres. Bloom et Van Reenen montrent que ces deux facteurs, concurrence et primogéniture, expliquent plus de la moitié des écarts de productivité entre les entreprises des différents pays.

Une des limites de l'étude de Bloom et Van Reenen est qu'elle n'établit pas clairement la causalité de la primogéniture sur la mauvaise performance. Il est possible que lors des successions, les entreprises les plus performantes soient vendues, et que les moins performantes soient gardées au sein de la famille. Dans ce cas, on ne saurait attribuer la faible performance des entreprises dirigées par les héritiers aux héritiers eux-mêmes. Inversement, il est possible que les familles choisissent de ne garder le contrôle que des entreprises les plus prometteuses, auquel cas une performance légèrement supérieure à la moyenne serait en fait la preuve que les héritiers sont de mauvais gestionnaires. Pour établir la causalité, il faut étudier les changements de performance consécutifs à une allocation aléatoire d'héritiers dans un groupe d'entreprises. Cela semble impossible, mais la prouesse a pourtant été réalisée par Morten Bennedsen, Kasper Nielsen, Francisco Pérez-González et Daniel Wolfenzon. Ces derniers étudient en détail les effets de l'héritage sur la performance des entreprises, en utilisant une extraordinaire base de données danoise[1], portant sur 5 334 successions dont 1 776 sont des successions familiales. Dans la moitié de ces transitions familiales, c'est l'un des enfants de l'entrepreneur qui prend sa suite. En moyenne, la performance de l'entreprise chute de 20 % après une transition familiale. Mais ce chiffre brut est difficile à interpréter car, comme nous l'avons expliqué, la décision de transmettre l'entreprise à ses enfants plutôt que de la transmettre

1. Morten Bennedsen, Kasper Nielsen, Francisco Pérez-González et Daniel Wolfenzon, « Inside the Family Firm : the Role of Families in Succession Decisions and Performance », à paraître dans le *Quarterly Journal of Economics*.

hors de la famille n'est pas aléatoire. En utilisant le sexe du premier enfant, Wolfenzon et ses coauteurs arrivent cependant à calculer l'effet net et causal de la transmission à un enfant plutôt qu'à un professionnel. En effet, le sexe du premier enfant est bien une variable aléatoire, indépendante des résultats présents ou espérés de l'entreprise et hors du contrôle de la famille. En même temps, la probabilité d'une succession familiale est nettement plus forte lorsque le premier enfant est un garçon. Wolfenzon et ses coauteurs montrent que les familles gardent les entreprises dont l'avenir est prometteur, et donc que la baisse de performance brute sous-estime le vrai coût économique de la primogéniture. En prenant en compte le fait que les entreprises transmises à des managers sont celles dont l'avenir est *a priori* le moins bon, on trouve que la chute de performance due aux héritiers est nettement plus forte que les 20 % suggérés par les données brutes, probablement de l'ordre du double.

Le capitalisme familial : problème ou solution ?

Le capitalisme familial est une arme à double tranchant. Il est d'abord un symptôme et un remède partiel aux problèmes de légitimité de l'autorité dans l'entreprise. La nature conflictuelle des relations au travail, évidente dans les grandes entreprises, favorise l'essor, ou tout au moins la survie, d'entreprises familiales où les conflits sont moins fréquents.

La continuité temporelle est importante pour toute entreprise, quel que soit son pays d'origine. Aux États-Unis, cette continuité parvient à s'incarner dans l'entreprise elle-même, dans sa culture, alors qu'en France cette continuité s'incarne dans la famille du fondateur. On peut le regretter, mais on ne saurait le nier. Les entreprises françaises sont comme des plantes qui ont besoin de tuteurs pour pousser droit. Le problème du capitalisme familial, c'est que la taille du tuteur limite parfois le développement de la plante, mais la plante ne s'épanouira pas mieux si l'on se contente d'enlever le tuteur.

Les faiblesses du capitalisme familial sont le manque de croissance et le manque de renouvellement[1], dont l'étendue varie selon que l'on considère l'actionnariat familial ou le management héréditaire. Le premier type de capitalisme familial est relativement bénin, le second ne l'est pas. Les entreprises dont l'actionnariat reste familial sont naturellement prudentes et choisissent parfois des stratégies peu risquées au détriment des perspectives de croissance, mais ces effets sont probablement limités. La gestion des fusions et des acquisitions risque également de poser un problème spécifique aux entreprises familiales au fur et à mesure que le marché européen se consolide. Ces entreprises doivent choisir entre le maintien du contrôle de l'actionnariat et la nécessité de se développer à l'échelle européenne. Le souci de garder le contrôle peut conduire la famille à limiter les acquisitions, mais ce problème est compensé par un meilleur contrôle des managers, qui permet de limiter les abus et les acquisitions grandiloquentes. Tous comptes faits, et bien qu'il n'existe pas d'étude définitive sur le sujet, on peut donc penser que le contrôle familial de l'actionnariat n'a pas de conséquences économiques trop néfastes, et peut même s'avérer globalement positif.

Il n'en va pas de même avec la transmission héréditaire du management des entreprises, qui pose de sérieux problèmes. Tout d'abord, les guerres de successions, qui sont courantes dès que le nombre d'héritiers devient trop grand : les sirops Teisseire et les Galeries Lafayette en sont des exemples récents. Ensuite, le gâchis de talent qui se produit lorsque les familles restreignent artificiel-

1. Voir R. Donckels et E. Fröhlich, « Are Family Businesses Really Different ? European Experiences from STRATOS », *Family Business Review* 4 (2), 149-160, juin 1991.

lement le groupe dans lequel elles « piochent » les futurs dirigeants. Comme le dit Warren Buffet, il serait absurde de « choisir l'équipe olympique de 2020 en sélectionnant les fils aînés des médailles d'or des jeux de l'an 2000 ».

Figure 4

Délégation d'autorité et management professionnel

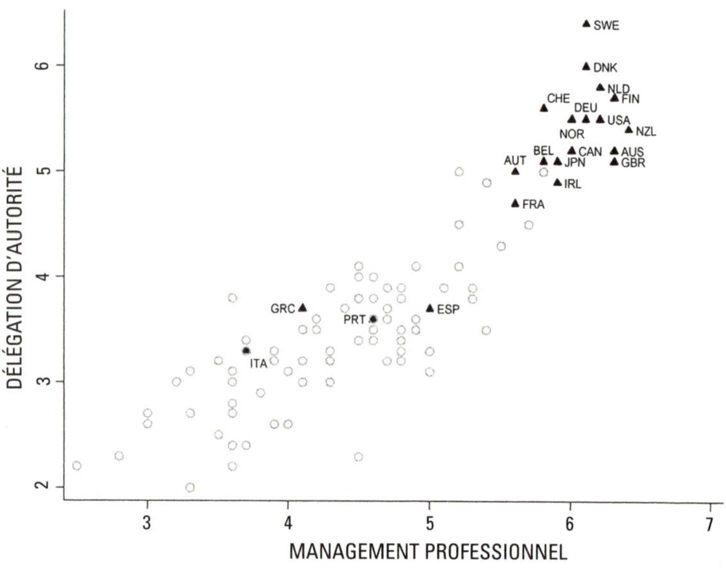

Source : Global Competitiveness Report (GCR, 2005).

Lecture : L'axe vertical correspond à la mesure de délégation d'autorité du GCR, qui va de 1 (la direction contrôle toutes les décisions importantes) à 7 (l'autorité est déléguée aux chefs de services et au management intermédiaire). L'axe horizontal correspond aux réponses des managers à la question du GCR : « Les postes de dirigeants sont tenus par des membres de famille ou par des managers professionnels choisis en fonction de leurs compétences ? ». Les réponses vont de 1 (famille) à 7 (managers professionnels). Les triangles et initiales correspondent aux 21 pays riches de la Table 1. Les cercles correspondent aux 83 autres pays inclus dans le GCR.

Choisir un héritier pour diriger son entreprise au détriment d'une autre personne plus qualifiée, c'est afficher sa méfiance vis-à-vis du reste de la société, en privilégiant les relations familiales. Ce choix stratégique a un impact sur la performance économique et sur le mode de management, comme le suggère la Figure 4.

L'axe vertical de la figure correspond à la mesure de délégation d'autorité du GCR, qui va de 1 (« la direction contrôle toutes les décisions importantes ») à 7 (« l'autorité est déléguée aux chefs de services et au management intermédiaire »). L'axe horizontal correspond aux réponses des managers à la question du GCR : « Les postes de dirigeants sont-ils tenus par des membres de la famille ou par des managers professionnels choisis en fonction de leurs compétences ? » Les réponses vont de 1 (famille) à 7 (managers professionnels). À la différence de la Figure 3, la Figure 4 se focalise sur le management familial et non sur l'actionnariat familial[1]. Ces deux notions sont liées mais, comme nous l'avons déjà remarqué, elles ne sont pas équivalentes. Ainsi, l'Allemagne possède un management professionnel semblable à celui des États-Unis bien que l'actionnariat des entreprises y soit encore relativement familial.

La Figure 4 montre que les pays où le management est choisi sur des critères purement professionnels sont les pays où l'autorité est déléguée au sein des entreprises, et les pays qui privilégient le management familial sont ceux où l'autorité reste centralisée. J'ai délibérément inclus dans cette figure l'ensemble des pays couverts par le GCR, c'est-à-dire non seulement les 21 pays riches de notre échantillon principal, mais aussi les 83 autres pays, dont la plupart sont en voie de développement. Les triangles accompagnés d'initiales correspondent aux 21 pays riches et les cercles aux 83 autres pays.

1. Il n'existe malheureusement pas de mesure systématique de l'importance du management familial dans les différents pays. Je suis donc contraint de me fier aux réponses des managers à l'enquête du GCR. J'ai tout de même vérifié la cohérence des réponses en utilisant les mesures d'actionnariat et les études disponibles sur le management.

Il existe donc une relation forte entre le niveau de développement, le management professionnel et la délégation d'autorité au sein des entreprises. Les pays riches ont plus souvent recours à des professionnels pour diriger des organisations décentralisées. Ce phénomène reflète à la fois la complexité des entreprises et des technologies, et la disponibilité d'une main-d'œuvre bien formée. En retour, ce mode de management permet certainement des performances économiques plus grandes.

Cependant, même au sein des pays développés, on voit que des différences importantes persistent. Les pays anglo-saxons et les pays du Nord de l'Europe se caractérisent par un management professionnel et une forte responsabilisation des échelons intermédiaires. Les pays méditerranéens conservent un management familial et des relations hiérarchiques centralisées. En ce sens, ils ressemblent à des pays en voie de développement. La France occupe ici une position intermédiaire.

Étant donné l'inefficacité des héritiers-managers, mise en évidence par les études micro-économiques que nous avons présentées dans ce chapitre, il faut donc s'attendre à ce que les disparités visibles sur la Figure 4 affectent les performances macroéconomiques des différents pays. C'est ce sujet que nous allons maintenant aborder.

CHAPITRE IV

Relations sociales et performance économique

Je vais examiner dans les pages qui suivent les conséquences de nos difficultés collectives à créer des conditions de travail constructives. Je chercherai en particulier à mettre en évidence les effets néfastes au niveau des entreprises, puis sur le chômage et l'emploi, et finalement sur le bien-être des individus et la richesse nationale.

Les entreprises « où il fait bon travailler »

La première conséquence des mauvaises relations sociales est le rejet de l'entreprise. On peut même aller plus loin et parler d'un rejet spécifique des entreprises françaises.

Michelle Lamont note que les Américains mettent plus l'accent sur le travail d'équipe que les Français[1]. « Dans le monde du travail américain, la convivialité est la clé de l'intégration : aider ses collaborateurs, quels qu'ils soient, à se sentir à leur aise apparaît

1. M. Lamont, *op. cit.*

comme une tâche cruciale. » De plus, « dans la mesure où la prévisibilité des comportements est essentielle à la marche des grandes organisations, les cadres prennent soin d'y éviter au maximum les conflits ». Un certain Joe Cohen, qui a été promu directeur d'usine d'une grande multinationale, résume bien la situation : « J'ai essayé de faire comprendre à tout le monde que le niveau que j'ai atteint n'a rien à voir avec la manière dont nous travaillons ensemble… Parce que si j'étais à leur place, c'est comme ça que je voudrais que les choses se passent. Si vous ne travaillez pas avec vos salariés et que vous restez le cul dans votre fauteuil […], quand le temps sera venu de lancer une idée créative, quand vous aurez besoin de leur aide, ils diront : mais qui c'est celui-là ? » Aux États-Unis, les patrons trop prétentieux et trop distants sont appelés à rencontrer les pires difficultés dans l'exercice de leur travail.

C'est peut-être cette culture d'entreprise qui explique le succès des entreprises américaines auprès des salariés français, comme le montre la Table 8. Il n'y a que peu d'entreprises nationales dans les 20 premières entreprises « où il fait bon travailler » (*best place to work*) en France. Cette situation est différente de celle que l'on observe en Allemagne ou au Danemark, comme on peut le voir dans la Table 9. Dans ces pays, les entreprises nationales sont appréciées au même titre que les entreprises étrangères.

Ces classements varient bien sûr d'une année sur l'autre, et une entreprise dont les résultats sont bons est toujours plus appréciée par ses employés. Il existe cependant une relation directe et stable entre les pratiques managériales et les classements des entreprises « où il fait bon travailler » dans les différents pays. Dans les pays où il y a plus de managers professionnels et une plus grande délégation d'autorité, au sens de la Figure 4, on trouve plus souvent des entreprises nationales en tête des classements. De même, le pays d'origine affecte le classement des entreprises nationales à l'étranger : les travailleurs aiment travailler dans les entreprises provenant de pays où le management est professionnel et accepte de déléguer son autorité. On peut donc parler d'un avantage

Table 8
Les entreprises où il fait bon travailler en France

Rang	2004	Origine	2005	Origine
1	SC Johnson	USA	Bain & Company	USA
2	Microsoft	USA	Agilent Technologies	USA
3	Pepsico	USA	SC Johnson	USA
4	Eli Lilly	USA	L'Oréal	FRA
5	Lyreco	FRA	Microsoft	USA
6	FedEx	USA	PepsiCo	USA
7	Total	FRA	Lyreco	FRA
8	McDonalds	USA	Leroy Merlin	FRA
9	BMS	USA	Lafarge	FRA
10	Douglas	FRA	Ferrero	ITA
11	RDME	FRA	McDonald's	USA
12	IMS	USA	Dell	USA
13	Deloitte	CHE	Guidant	USA
14	Manpower	FRA	Total	FRA
15	Novartis	CHE	Accenture	USA
16	Computer Associates	USA	Symantec	USA
17	Auchan	FRA	CIMS	GBR
18	Bosch	DEU	Novartis	CHE
19	CIMS	GBR	FedEx	USA
20	Norisko	FRA	Bristol-Myers Squibb	USA

Source : Recherches de l'auteur à partir des données Best Place to Work Institute

comparatif de certains pays en termes de qualité de management. Ces pays font plus facilement émerger des organisations puissantes où le travail de chacun est valorisé. En France, trop souvent, « les cadres savent qu'ils n'atteindront jamais le sommet : la plupart s'endorment, et quelques-uns – les plus entreprenants – s'en vont[1] ».

Croissance des PME

Le conservatisme et la rigidité des hiérarchies sont des freins puissants à la croissance, surtout quand les entreprises doivent

1. M. Bauer et B. Bertin-Mourot, *Les 200…*, *op. cit.*, p. 256.

Table 9
Les entreprises où il fait bon travailler au Danemark et en Allemagne

Rang	Danemark	Origine	Allemagne	Origine
1	Kjaer Group	DNK	Microsoft	USA
2	Middelfart Sparekasse	DNK	SKYTEC	DEU
3	Unimerco	DNK	Diageo Deutschland	GBR
4	Computer Associates	USA	HEXAL	DEU
5	Microsoft	USA	Endress+Hauser Wetzer	DEU
6	Novozymes	DNK	Kraft Foods	USA
7	Irma	DNK	J. Schmalz	DEU
8	Shell	NLD	SICK	DEU
9	Grundfos	DNK	Guidant	USA
10	Pfizer Danmark	USA	FedEx	USA
11	Boehringer Ingelheim	DEU	ConSol Software	DEU
Rang	**Danemark**	**Origine**	**Allemagne**	**Origine**
12	Cultivator	DNK	SC Johnson	USA
13	Frøs Herreds Sparekasse	DNK	Ruhrgas	DEU
14	Novartis	CHE	Office Depot International	USA
15	Statoil	NOR	Computer Associates	USA
16	Novo Nordisk	DNK	Brose Coburg	DEU
17	Merck, Sharp & Dohme	USA	Soft Imaging System	DEU
18	TDC Totalløsninger	DNK	Boehringer Ingelheim	DEU
19	American Express	USA	Ford	USA
20	Hydro Aluminium Tønder	DNK	Olympus Europa	JPN

Source : Recherches de l'auteur à partir des données Best Place to Work Institute, 2004

adopter des technologies nouvelles. Ce point est particulièrement net dans les PME. Il est bien connu qu'il y a en France un manque de PME innovantes : « La France connaît un déficit d'entreprises de taille moyenne, comptant de 50 à 500 salariés, dont il découle un nombre insuffisant de mini-groupes français ayant de 500 à 3 000 salariés[1]. » Il est difficile de connaître les causes profondes de

1. Jean-Paul Betbèze et Christian Saint-Étienne, « Une stratégie PME pour la France : favoriser l'essor des gazelles, entreprises moyennes en forte croissance », 2006. Voir aussi « Pourquoi nos PME ne grandissent pas », par Anne Dumas, Notes de l'Institut Montaigne, 2006.

ce déficit, mais on peut proposer une typologie en distinguant facteurs internes et facteurs externes.

Quand on leur demande quels sont les principaux problèmes auxquels ils sont confrontés[1], les dirigeants de PME évoquent d'abord la concurrence (67 %), notamment celle des pays émergents, suivie de la gestion des ressources humaines (27 %), loin devant la conjoncture économique et la fiscalité. Le manque de coopération entre managers et employés est certainement un frein interne à la croissance des PME. S'il n'y a pas en France un déficit de création d'entreprises, il existe en revanche un déficit de croissance, ce qui suggère que le frein se manifeste lorsque les entreprises atteignent une masse critique. Or c'est justement à ce moment que les relations sociales dans l'entreprise deviennent délicates. Avec un patron et quelques employés, tout le monde se connaît et les relations sont informelles. Mais au-delà d'une certaine taille, il faut formaliser ces relations, ce qui, en France, se fait au détriment de la souplesse et de l'innovation. Selon une étude récente de la Sofres pour Capgemini[2], « le climat est plus tonique dans les petites organisations, et plus confortable dans les grandes, tandis que le malaise domine dans les organisations de taille moyenne ».

Les patrons de PME évoquent également deux freins externes : le financement bancaire et le comportement d'achat des grandes entreprises. Traiter du problème du financement des PME et du rôle des banques nous entraînerait trop loin de notre sujet. En revanche, il est utile de nous pencher sur le conservatisme du comportement d'achat des grands groupes. Les patrons de PME se plaignent du fait que les grandes entreprises rechignent à acheter des produits nouveaux. Une PME qui crée un produit innovant et cherche à le vendre fait face à de nombreuses difficultés, parce que

1. Enquête TNS-Sofres pour Astorg Partners / Ayache, Salama & Associés, *La Gouvernance d'entreprise dans les PME / PMI*, juin 2005.

2. Capgemini Consulting & TNS Sofres, *op. cit.*

les responsables des achats au sein des grands groupes ne veulent pas prendre de risque. Ce biais conservateur face aux produits nouveaux ne semble pourtant pas être une caractéristique du comportement des Français en général, puisqu'il existe des PME innovantes dans le « B to C »[1]. Par contre, les grands groupes ne semblent pas enclins à prendre des risques, un constat qui a motivé la récente mise en place du pacte PME[2]. Pourquoi ? Une raison souvent citée est que monsieur Dupont, en tant qu'acheteur individuel, est prêt à prendre des risques et à acheter des produits nouveaux, mais que ce même monsieur Dupont, en tant que cadre dans un grand groupe, cherche avant tout à ne pas prendre de risques. Voilà qui est typique des hiérarchies rigides : elles limitent les initiatives et les prises de risques individuelles. Nous retrouvons ici la distinction fondamentale entre les attitudes individuelles et les performances collectives : une entreprise n'est pas la somme des individus qui la composent. Elle peut être plus, ou moins. Une entreprise où la promotion interne est juste et efficace, et où l'initiative est encouragée, peut multiplier les talents. À l'inverse, une entreprise mal gérée peut transformer des individus ouverts et entreprenants en petits bureaucrates mesquins et craintifs. Dans un monde où les réseaux d'entreprises deviennent plus importants, l'aversion au risque des uns peut signifier la paralysie des autres. Les effets négatifs du manque d'initiative individuelle ne se limitent donc pas aux grands groupes eux-mêmes, mais rejaillissent sur toute l'économie.

ILOG, un éditeur français de logiciels pour les entreprises, fournit une bonne illustration des problèmes que nous venons d'évoquer. La société, créée en 1987, est cotée au Nasdaq et sur

1. « Business to Consumer » : entreprises dont les produits sont vendus aux consommateurs. « Business to Business » : entreprises dont les produits sont vendus à d'autres entreprises. Le « B to B » concerne de nombreuses PME qui vendent leurs produits ou leurs services à des grandes entreprises.

2. L'objectif du Pacte PME est de renforcer les relations entre les grands comptes et les PME innovantes afin d'accélérer le développement des meilleures d'entre elles. Voir http://www.pactepme.org/PactePME/

Euronext. Elle emploie 630 personnes, pour un chiffre d'affaires de 102,8 millions de dollars (80 millions d'euros) en 2004. Selon Pierre Haren, son PDG et cofondateur, la principale raison pour laquelle les sociétés technologiquement innovantes ont tant de mal à se développer en France est que les grandes entreprises ne consomment que des produits dont elles sont absolument sûres[1]. « Elles ne sont pas prêtes à prendre des risques en achetant des produits innovants. Or une start-up, pour réussir, doit avoir des clients situés à proximité. Aux États-Unis, [...] les grosses sociétés ont appris à dépenser intelligemment, à échouer intelligemment aussi. ILOG a inventé un système pour améliorer la productivité des usines de semi-conducteurs. Le fabricant coréen Samsung a été le premier à l'acheter. Tandis que le franco-italien STMicroelectronics nous a d'abord dit que ça n'allait pas marcher, puis nous a demandé de pouvoir d'abord aller visiter les usines où le produit fonctionnait, c'est-à-dire chez son concurrent direct ! Samsung utilise donc nos produits pour tuer STMicro. C'est dramatique. »

Le chômage ou l'entente forcée

La conséquence immédiate des mauvaises relations sociales dans l'entreprise est bien sûr de rendre les travailleurs insatisfaits. Mais l'histoire ne s'arrête pas là : il existe tout un cortège de conséquences indirectes, dont la première est le chômage. Les relations sociales ont toujours été mauvaises en France, mais leurs conséquences néfastes ont été masquées par le taux de croissance extraordinaire lors du rattrapage économique des années 1950 et 1960.

Depuis les années 1970, les pays dont les relations sociales sont traditionnellement conflictuelles ont vu leur taux de chômage augmenter nettement plus que les pays dont les relations sont

1. *Le Monde* du 12 mai 2005.

coopératives. La Figure 5 montre l'évolution des taux de chômage dans les trois groupes de pays que nous avons définis au chapitre II selon la classification de Colin Crouch : que le taux de chômage a plus augmenté dans les pays où les relations sociales sont historiquement hostiles que dans les pays où elles sont normales ou coopératives. Comme la classification historique se fonde sur ce qui se passait au XIXe siècle, on peut parler de relation causale des relations sociales vers le chômage[1].

Figure 5
DIVERGENCES DES TAUX DE CHÔMAGE
PAYS GROUPÉS SELON LA TRADITION DE LEURS RELATIONS DU TRAVAIL

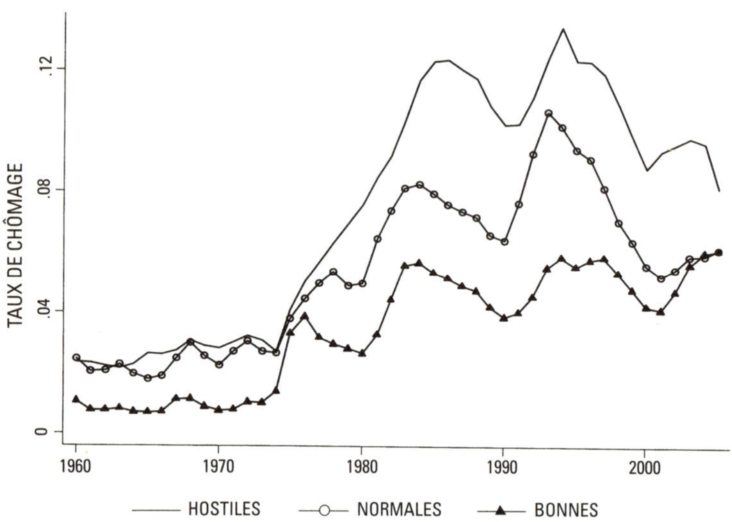

Lecture : Chaque courbe représente le taux de chômage moyen d'un groupe de pays. Les groupes sont définis par la classification de Crouch, en fonction de l'attitude des États vis-à-vis des syndicats à la fin du XIXe siècle (voir la Table 5 pour la définition des groupes). Le groupe 0 est le groupe des États hostiles aux syndicats (la France par exemple), le groupe 1 celui des États neutres (comme l'Angleterre), et le groupe 2 celui des États favorables (comme les Pays-Bas).

1. O. Blanchard et T. Philippon, art. cité.

Pour mesurer les effets des relations dans le travail sur le chômage, il faut bien comprendre que l'absence de coopération au sein des entreprises crée des rigidités réelles au moins aussi coûteuses que les rigidités législatives souvent décriées. En d'autres termes, la méfiance entre managers et employés crée un surcoût, comme le feraient une taxe ou une prime de licenciement, à la différence près que ce surcoût est véritablement perdu pour tout le monde. Ce surcoût déprime la demande de travail des entreprises et diminue l'emploi [1]. Si l'on préfère, une façon équivalente de voir les choses est de partir du constat qu'un minimum de coopération est nécessaire au sein des entreprises, mais que la coopération effective peut s'obtenir de deux manières différentes. Dans les pays où les relations dans les entreprises sont coopératives, le chômage résulte des flux normaux sur le marché du travail (entrée, sortie, changement de travail). La coopération est fondée sur la confiance réciproque entre managers et salariés. Dans les pays où les relations sont hostiles, la coopération vient de la crainte du chômage : c'est l'entente forcée. La Figure 6 montre bien ce phénomène, en utilisant les jours de grèves par an et par employé pour les trois groupes de la classification de Crouch

Les pays où les relations sont historiquement hostiles connaissent plus de grèves en moyenne, et surtout ils connaissent une véritable explosion des conflits du travail à la fin des années 1960 et pendant les années 1970. Le chômage commence alors à augmenter, jusqu'à ce que les grèves retombent au même niveau que dans les autres pays. Comme le remarque Michelle Perrot, « rien n'est plus favorable à la grève que le plein emploi, rien ne lui est plus contraire que le chômage [2] ».

Partant d'une situation générale de plein emploi, mais avec de fortes différences de taux de grèves, le phénomène crucial est

1. Il peut aussi y avoir un effet indirect, car les salariés vont naturellement faire pression sur leurs élus politiques pour obtenir des protections qui peuvent augmenter les rigidités déjà présentes.

2. M. Perrot, *Les Ouvriers en grève*, *op. cit.*

Figure 6
CONVERGENCE DES TAUX DE GRÈVE
PAYS GROUPÉS SELON LA TRADITION DE LEURS RELATIONS DU TRAVAIL

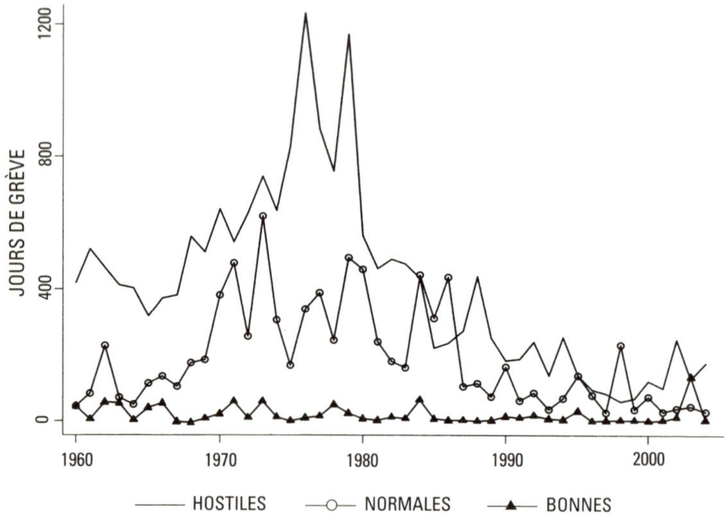

Lecture : Chaque courbe représente la moyenne pour un groupe de pays du nombre de jours de grève annuels pour 1000 employés. Les groupes sont définis par la classification de Crouch, en fonction de l'attitude des États vis-à-vis des syndicats à la fin du XIXe siècle (voir la Table 5 pour la définition des groupes). Le groupe 0 est le groupe des États hostiles aux syndicats (la France par exemple), le groupe 1 celui des États neutres (comme l'Angleterre), et le groupe 2 celui des États favorables (comme les Pays-Bas).

donc la convergence des taux de conflits et la divergence des taux de chômage. Ainsi, la moyenne des jours de grèves en Europe est tombée à 70 pour 1 000 employés sur la période 1993-1997, puis à 59 sur la période 1998-2002. La France (un peu moins de 100) et l'Italie (environ 130) se situent toujours un peu au-dessus de la moyenne, mais les écarts sont devenus très faibles[1]. En revanche,

1. *Industrial relations in the EU, Japan and USA (2003-2004)*, publication de la Fondation européenne pour l'amélioration des conditions de vie et de travail.

les pays qui ont traditionnellement connu des relations sociales conflictuelles rencontrent maintenant un chômage élevé. En d'autres termes, le chômage est devenu la variable d'ajustement.

Le conflit d'intérêt inhérent à la relation salariale est certainement présent dans tous les pays, mais certains pays le gèrent mieux que d'autres. Pour y parvenir, l'anticipation et la préparation sont essentielles, mais elles nécessitent un minimum de coopération et de confiance. Lorsque les dirigeants craignent les réactions des salariés, ils attendent le dernier moment pour communiquer leurs décisions. Les salariés sont donc toujours pris au dépourvu, ce qui entretient leur méfiance et les rend hostiles au changement. D'une certaine manière, on peut dire qu'en France la communication de crise est devenue la norme. Et lorsque cette norme est établie, il est difficile de la faire évoluer.

Il est par ailleurs instructif de se pencher sur la chronologie de la crise, telle que la révèlent les Figures 5 et 6. Pourquoi le désavantage comparatif des pays où les relations sont historiquement hostiles s'est-il manifesté surtout dans les vingt dernières années ? Il y a plusieurs raisons à cela. La première, c'est bien évidemment la baisse du taux de croissance de la productivité, qui a commencé dans les années 1970. Durant les années 1950 et 1960, les gains de productivité annuels permettaient de satisfaire tout le monde en assurant des profits et des salaires élevés. De plus, nous étions dans une phase de reconstruction et de rattrapage des États-Unis.

Cette explication est cependant incomplète, et il nous faut aussi examiner les changements qui ont eu lieu dans l'organisation des entreprises au cours des trente dernières années. Nous sommes en effet passés d'un mode d'organisation assez hiérarchique et cloisonné, issu du taylorisme, à un mode d'organisation où le travail en équipe et la flexibilité organisationnelle sont nettement plus importants. Le taylorisme mettait l'accent sur la division des tâches et l'organisation scientifique du travail. L'initiative individuelle ne faisait pas vraiment partie de l'équation et la délégation d'autorité était rarement nécessaire. Le taylorisme s'accommodait donc assez bien de relations sociales tendues, voire conflictuelles. Dans sa version française, il était relativement autoritaire, mais sans que cela ait des conséquences économiques trop néfastes.

En fait, on peut penser que la troisième révolution industrielle, avec l'importance accrue du capital humain qui la caractérise, a rendu la coopération au sein des entreprises plus cruciale que jamais. Aujourd'hui, la capacité d'adaptation et d'anticipation est devenue la clé du succès des organisations. Au-delà des modes de court terme, ces changements d'organisation reflètent l'adaptation efficace des entreprises aux modifications de leur environnement. Il se trouve que le mode d'organisation ancien était relativement peu intensif en relations humaines, alors que le nouveau l'est beaucoup plus. Comme l'écrit François Dupuy : « Les autres sont bel et bien de retour : le client, cette idole du management moderne [...] ; et les collègues avec lesquels il faut désormais faire équipe et coopérer, une source inépuisable de stress et de pression. » De ce fait, on peut dire que la qualité des relations sociales est devenue un paramètre relativement plus important que par le passé. Voilà sans doute ce qui explique pourquoi les coûts économiques de la mauvaise qualité du dialogue social sont devenus si lourds.

Taux d'emploi et satisfaction au travail

Revenons maintenant à l'interprétation de la Figure 2. Peut-on dire que la qualité des relations sociales dans l'entreprise explique le taux d'emploi ? Il est difficile d'établir l'existence d'une telle relation causale sur l'emploi pour deux raisons bien connues en économie appliquée : la possibilité de causalité inverse et l'existence de variables non observées. Pour comprendre de quoi il retourne, considérons un exemple simple. Supposons qu'un choc négatif (une hausse du prix du pétrole, une chute de la demande pour nos exportations) entraîne une diminution de l'activité économique. Constatant la faiblesse de leurs carnets de commandes, les entreprises cessent d'embaucher. La hausse du chômage incite alors les demandeurs d'emploi à accepter des emplois pour lesquels ils se sentent surqualifiés. Ce phénomène de déclassement peut à son tour avoir un effet délétère sur les relations sociales. De plus, dans la mesure où le chômage persiste, les entreprises n'auront pas besoin d'améliorer les conditions de travail pour garder leurs employés ou pour en attirer de nouveaux.

En réponse à un choc macro-économique négatif, on peut donc raisonnablement s'attendre à observer à la fois une baisse de l'emploi et une détérioration des relations dans le travail, sans pour autant que ces mauvaises relations soient la cause du sous-emploi. Rien n'interdit donc *a priori* d'interpréter la Figure 2 de la manière suivante : pour des raisons exogènes, les conditions macro-économiques sont meilleures en Suisse et au Danemark qu'en France et en Grèce. De ce fait, on observe plus d'emploi et plus de satisfaction au travail en Suisse et au Danemark qu'en France et en Grèce. Peut-on éliminer cette hypothèse ?

La solution est de ne pas utiliser directement l'indice de qualité des relations tel qu'il est mesuré aujourd'hui, mais plutôt d'utiliser la classification de Crouch, dont on sait qu'elle prédit bien les relations sociales, mais sans être sujette au problème de causalité inverse. La méthode statistique utilisée porte le nom de « régression instrumentale ». Sans entrer dans les détails techniques, cette méthode utilise la qualité des relations *prédite* par l'instrument (la classification de Crouch) plutôt que la qualité *telle qu'on la mesure aujourd'hui*. De cette manière, on s'assure de ne pas confondre les effets négatifs d'un choc macro-économique avec les effets directs de la qualité des relations sociales sur l'emploi. En effet, même si le choc macro-économique affecte à la fois l'emploi et la qualité des relations sociales telles que nous les mesurons aujourd'hui, ce choc ne peut par définition pas affecter ce qui s'est passé entre 1870 et 1900, et donc, par extension, il n'affectera pas la qualité prédite par la classification de Crouch. L'analyse instrumentale montre que la corrélation visible sur la Figure 2 reflète l'impact des relations sociales sur l'emploi, et non l'inverse.

Nous obtenons donc un résultat fort et surprenant : les relations sociales expliquent la majeure partie des variations de taux d'emploi entre les pays. Comment cela se fait-il ? Il y a d'abord toutes les raisons données dans la section précédente à propos du chômage, et qui s'appliquent également au taux d'emploi. Mais il y a aussi une raison plus simple : plus une activité est pénible et moins on cherche à l'exercer. En pratique, ce manque de participation peut prendre des formes diverses : rester chez soi, partir en préretraite, etc. Le mécanisme fondamental est que, dans les pays où les relations sont hostiles, les employés et les managers sont moins satisfaits, et finalement le travail est pénible pour tous.

Une analyse plus fine du sous-emploi permet de renforcer ce raisonnement. En effet, la faiblesse de la participation au marché du travail en France est concentrée sur certaines populations : les jeunes et les seniors. Pour les jeunes, le chômage est le problème fondamental. Le taux d'emploi des hommes de 30 à 50 ans est similaire en France et aux États-Unis. Le taux d'emploi des hommes de 60 ans est deux fois plus faible. Il est bien évident que les problèmes de promotion interne et d'insatisfaction au travail s'accumulent au cours de la vie et deviennent particulièrement pénibles pour les travailleurs les plus âgés. Quand on n'aime pas son travail, on attend la retraite avec impatience. Ce phénomène ne touche pas que les grandes entreprises. Il y a trop peu d'offre d'emploi pour les seniors. Que pourraient être ces emplois ? Je ne résiste pas à l'envie de donner l'exemple de l'entreprise créée par Nat Montgomery en 1993 suite à la faillite de la compagnie aérienne qui l'employait jusque-là[1]. Alors dans la trentaine, Nat décida de créer un service de limousine dans le Maryland, près de Washington, DC. L'entreprise a crû lentement mais sûrement et, en 2006,

1 Voilà le genre d'histoire que l'on entend souvent quand on prend le taxi aux États-Unis.

Nat possède 6 limousines et emploie 6 chauffeurs. La partie étonnante de l'histoire est que ces employés ont tous entre 55 et 70 ans ! L'un est veuf, l'autre est un vétéran de l'armée, tous s'ennuyaient à la retraite et souhaitaient reprendre un travail. Le travail est à temps partiel, entre 25 et 30 heures par semaine, mais les horaires sont imprévisibles. Ce genre de travail est donc assez mal adapté aux jeunes. Nat emploie une secrétaire, elle aussi à la retraite, qui ne travaille que le samedi matin. Il s'agit donc d'une petite entreprise dont tous les employés sont plus âgés que le patron. Les employés sont satisfaits, et Nat en est fier : « J'ai créé mon entreprise, et j'ai donné du travail à des gens. » La morale de cette histoire est que c'est bien l'envie de travailler qui a motivé l'emploi, et non la contrainte. C'est parce qu'ils espéraient trouver une satisfaction dans leur travail que ces seniors ont choisi de prolonger leur vie professionnelle.

Il ne faut pas sous-estimer les conséquences du mécontentement des Français au travail. Certes, parmi ceux qui sont employés, les trois quarts se disent plutôt satisfaits de leur travail. Mais ce chiffre masque un problème d'interprétation. Avec un taux d'emploi de 61,8 % en 2000 et un taux de satisfaction de 75 %, on obtient seulement 46 % des personnes en âge de travailler ayant un emploi qui les satisfait. C'est très peu. Et les réponses à la question « Et si c'était à refaire ? » sont révélatrices. La majorité (54 %) des actifs choisiraient le public, contre 41 % qui choisiraient de faire carrière dans une entreprise du secteur privé. La plupart (81 %) des personnes évoluant au sein du secteur public affirment qu'elles feraient le même choix, alors que les salariés du secteur privé sont plus partagés : 52 % d'entre eux resteraient dans le privé, contre 42 % qui choisiraient le public. Interrogés en 2006, 90,2 % des 54-59 ans déclarent vouloir cesser leur activité au plus tard à 60 ans[1].

1. Sondage IPSOS (mars 2006) réalisé pour la Caisse nationale d'assurance vieillesse (CNAV), le Conseil d'orientation des retraites (COR), le Trésor (DGTPE), la DRES, l'INSEE et le service de la communication du ministère de l'Économie et des Finances (SIRCOM).

Seuls 10 % des sondés ont envie de continuer à travailler au-delà de 60 ans et un sur trois envisage de partir avant. L'enquête montre que « le fait de se sentir bien dans son emploi incite ces actifs seniors à repousser le moment souhaité de la cessation d'activité ». Les personnes « très satisfaites» souhaitent partir un an plus tard en moyenne que celles qui se disent simplement « satisfaites» et près d'un an et demi plus tard que les autres. Tous les facteurs passés en revue dans l'enquête et ayant une relation avec les conditions de travail ont un effet sur les souhaits des individus. Ainsi, les personnes se déclarant bien payées, ayant de bonnes relations avec leur hiérarchie, un emploi varié ou formateur, et qui considèrent avoir les moyens de faire un travail de bonne qualité, souhaitent partir plus tard que les autres ». Comme le montre une enquête récente[1], l'insatisfaction au travail, la déception et l'inquiétude augmentent significativement vers 40 ans. Le management à la française produit « une génération probablement au summum de ses capacités mais que les politiques de DRH laissent souvent en déshérence ».

L'analyse des facteurs influençant les départs à la retraite montre bien que de bonnes relations au sein des entreprises permettent de maintenir les seniors au travail. Malheureusement, ce n'est pas l'avantage comparatif de la France.

Estimation du coût global

Pour conclure ce chapitre, je vais essayer de faire un bilan du coût global des mauvaises relations sociales en France. Il s'agit bien évidemment d'un exercice périlleux, et l'on doit prendre garde à ne pas surestimer la précision des résultats. On peut distinguer trois types de coûts : les effets négatifs sur le chômage et l'emploi, l'impact sur la satisfaction de ceux qui ont un travail, et l'impact sur la richesse nationale (le PIB).

1. Capgemini Consulting & TNS Sofres, *op. cit.*

J'ai déjà expliqué qu'il semble y avoir un effet causal des relations sociales sur l'emploi et le chômage. À ce sujet, le résultat étonnant est que, d'un point de vue statistique, les relations sociales semblent expliquer la quasi-totalité des mauvaises performances françaises. Je vais maintenant tenter d'estimer l'impact sur le bien-être de ceux qui ont un emploi en me fondant sur les questionnaires individuels de la World Value Survey. L'intitulé exact de la question est : « D'une manière générale, dans quelle mesure êtes-vous satisfait ou pas satisfait de votre travail ? » Chaque personne interrogée répond sur une échelle de 1 (très insatisfaite) à 10 (très satisfaite). Je cherche à comprendre ce qui détermine ces réponses, non pas en moyenne entre les pays comme dans la Figure 1, mais au niveau des individus. Mon échantillon inclut 7 343 personnes ayant un emploi, réparties dans 13 pays[1].

La Figure 7 (page suivante) résume les résultats. Essayons de les comprendre, pas à pas. Le bien-être (au travail ou ailleurs) dépend de nombreux facteurs. Certains n'ont rien à voir avec les relations de travail dans les entreprises : l'âge, le sexe, être marié ou engagé dans une relation stable par exemple. Je commence donc par ajuster les réponses individuelles en fonction de ses caractéristiques, pour obtenir un indice de bien-être « corrigé » dont la moyenne est 0 sur l'ensemble de l'échantillon. Je compare ensuite les indices de satisfaction au travail en fonction du revenu. Pour simplifier, le revenu est divisé en trois tranches de tailles égales au sein de chaque pays. Naturellement, ceux qui gagnent plus sont en moyenne plus satisfaits de leur travail : l'indice pour le tiers supérieur est de +0,13, et l'indice pour le tiers inférieur est de -0,26. Cette donnée nous permet de calibrer notre unité de mesure : passer du premier au troisième tiers de la distribution des revenus

1. Allemagne, Autriche, Belgique, Danemark, Espagne, Finlande, France, Grande-Bretagne, Grèce, Irlande, Italie, Pays-Bas et Suède. Pour les autres pays, dont les États-Unis, la question sur la satisfaction au travail n'a pas été posée lors de l'enquête publiée en 2000.

Figure 7
SATISFACTION AU TRAVAIL

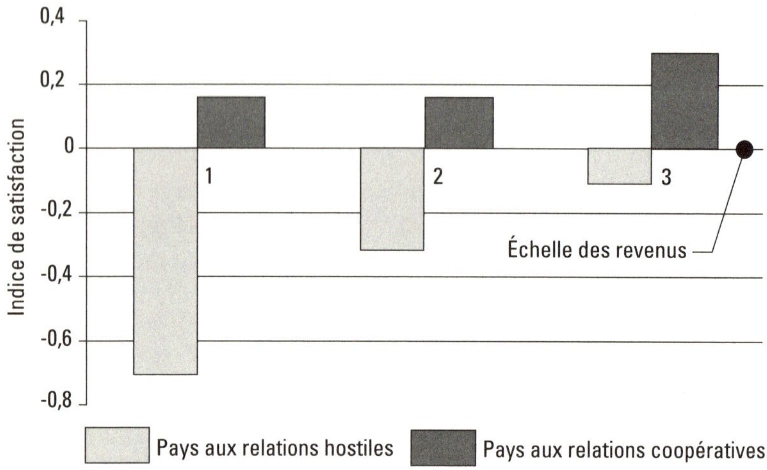

Sources: Global Competitiveness Report (GCR, 1999) et World Value Survey (WVS, 2000).

Lecture: L'indice de satisfaction au travail est calculé à partir des réponses individuelles au WVS, corrigées des caractéristiques observables (statut marital, âge, sexe). L'échelle des revenus est divisée en trois tiers pour chaque pays, et les pays sont séparés en deux groupes en fonction de leur niveau de coopération entre managers et employés selon le GCR. La figure montre que les pays où les relations sont coopératives ont un indice de satisfaction plus grand, et que l'effet est plus marqué chez les bas revenus. On voit aussi qu'au sein de chaque groupe de pays, la satisfaction croît avec le revenu.

correspond en moyenne à une hausse de l'indice de bien-être de 0,39.

Nous pouvons maintenant examiner les résultats en fonction de la qualité des relations sociales. Pour cela, je compare le groupe des trois pays où les relations sont les plus mauvaises (Grèce, France et Italie) aux trois pays où les relations sont les meilleures (Autriche, Danemark et Suède). La Figure 7 fait apparaître deux résultats importants. Premièrement, l'écart moyen entre les deux groupes de pays est supérieur à 0,4. En d'autres termes, passer d'un environnement où les relations sont hostiles à un environnement où les relations sont coopératives, tout en conservant la même position dans l'échelle des revenus, « équivaut » à passer du premier au troisième tiers dans l'échelle des revenus de son propre pays[1]. Pour le dire autrement, les 30 % de Français les mieux payés semblent être moins satisfaits de leur travail que les 30 % des Suédois les moins bien payés !

Le second résultat qui apparaît dans la Figure 7 est que le manque de coopération entre managers et employés a des conséquences plus néfastes sur les travailleurs les moins qualifiés. L'écart entre la satisfaction au travail entre les deux groupes de pays s'accroît fortement lorsque l'on descend dans l'échelle des salaires. Pour résumer, les conséquences pour le marché du travail du manque de coopération au sein des entreprises sont : plus de chômage, moins d'emploi, moins de bien-être pour ceux qui ont un emploi, et des effets néfastes décuplés pour les travailleurs les moins qualifiés.

On peut finalement esquisser une estimation du coût économique global de notre incapacité à créer des organisations où les relations de travail sont productives. Nous avons mentionné un certains nombre d'éléments[2], comme la délégation d'autorité au sein des organisations, qui favorise la prise de risque et l'initiative individuelle, et l'allocation des postes de direction exclusivement selon la compétence, qui favorise la croissance et l'efficacité des entreprises. On a bien vu sur la Figure 4 que le processus de développement économique s'accompagne d'une professionnalisation

1. Certes, on peut dire que l'échelle des réponses n'est pas comparable d'un pays à l'autre car les réponses dépendent du contexte national. Rappelons-nous cependant la correspondance remarquable qui apparaît sur la Figure 1 entre la satisfaction moyenne et le taux d'emploi, qui est une mesure objective.

2. Et nous en avons laissé d'autres de côté, notamment les problèmes de santé liés au stress et aux mauvaises conditions de travail.

du management et d'un plus grand partage de l'autorité. D'une manière générale, tous ces mécanismes participent de la gestion des ressources humaines à l'échelle du pays, qui est un facteur important de croissance à long terme.

Effectivement, les pays où les relations sociales dans le travail sont constructives sont en moyenne plus riches que les autres, même si l'on restreint la comparaison à des pays dont les niveaux d'éducation et de ressources matérielles sont similaires, et même si l'on utilise les déterminants historiques des relations sociales pour éviter les problèmes de causalité inverse. Une amélioration de la coopération au travail qui ferait passer la France de son niveau actuel à un niveau comparable à celui de l'Allemagne pourrait ainsi s'accompagner d'une hausse significative de la richesse par habitant. Cette hausse serait due en partie à l'augmentation du taux d'emploi, et en partie à des gains d'efficacité au niveau des entreprises. Un chiffrage quantitatif précis dépasse le cadre de cet ouvrage, mais il n'est pas déraisonnable d'imaginer un effet de l'ordre de plusieurs points de PIB.

CHAPITRE V

Que faire ?

> « Plusieurs se sont imaginé des Républiques et des Principautés qui ne furent jamais vues ni connues pour vraies. Mais il y a si loin de la sorte qu'on vit à celle selon laquelle on devrait vivre, que celui qui laissera ce qui se fait pour cela qui se devrait faire, il apprend plutôt à se perdre qu'à se conserver. »
>
> Machiavel, *Le Prince*

L'entreprise n'est pas, et ne sera probablement jamais, une véritable démocratie. D'ailleurs, la démocratie n'y est peut-être pas aussi nécessaire que dans le domaine politique, puisque chacun est en principe libre de travailler où il le souhaite et que la concurrence sur le marché des biens et des services assure le remplacement des entreprises peu efficaces par d'autres qui le sont davantage. Aucune de ces conditions n'a d'équivalent en politique. Par ailleurs, la nécessité de faire face à la concurrence justifie une partie des pouvoirs délégués aux chefs d'entreprise. Il ne s'agit donc pas de donner aux salariés les mêmes droits qu'aux citoyens des nations démocratiques. Ils ne le demandent d'ailleurs pas. Ils souhaitent, dans leur grande majorité, la présence à la tête de leur entreprise de dirigeants ayant une vision stratégique et des moyens d'action importants. Mais ils souhaitent aussi pouvoir faire confiance à ces dirigeants.

C'est là que le bât blesse. Les Français n'ont pas confiance dans leurs chefs d'entreprises, et, pour autant que l'on puisse en juger, la tendance n'est pas à l'amélioration. Selon la Sofres, en

1985, seuls 25 % des Français exprimaient leur méfiance vis-à-vis des patrons ; ils étaient 55 % en 2005. Ces relations de méfiance persistent depuis si longtemps que l'on peut raisonnablement douter de la capacité des entreprises à améliorer d'elles-mêmes la situation.

Dans les chapitres précédents, j'ai montré l'ubiquité des coûts liés à ce manque de confiance. La difficulté à faire émerger des relations sociales constructives affecte non seulement l'emploi, mais aussi la croissance et l'innovation. On ne refera pas l'histoire, et l'on ne créera pas des syndicats puissants et responsables du jour au lendemain. Il existe tout de même quelques pistes d'évolution. Mettons-nous tout de suite d'accord sur l'objectif : il s'agit de rétablir la confiance entre les entreprises, les salariés et l'État, afin d'améliorer la performance de l'économie française et le bien-être des travailleurs. Mon ambition n'est bien sûr pas de proposer des solutions infaillibles, mais plus modestement de clarifier les termes du débat pour écarter les mauvaises idées autant que pour promouvoir les bonnes.

Transmission des PME : fils naturels ou fils spirituels ?

La plus mauvaise idée si l'on veut améliorer les relations dans l'entreprise, la justice sociale et la performance de l'économie française à long terme serait de supprimer l'impôt sur les successions. Il existe deux bonnes raisons pour conserver cet impôt. D'abord, d'un point de vue moral, comme l'écrit Raymond Aron, « un système de concentration des fortunes comporte une certaine transmission de celles-ci et il est permis de penser que l'inégalité à supprimer n'est pas tant l'inégalité des revenus que l'inégalité au point de départ[1] ».

Ensuite, comme nous l'avons abondamment discuté, la transmission héréditaire des entreprises a des conséquences écono-

1. Raymond Aron, *Dix-huit Leçons sur la société industrielle*, Paris, Gallimard, 1962.

miques néfastes. De ce fait, la taxation des successions joue un rôle utile dans la promotion de l'efficacité économique. C'est pour cette raison que des milliardaires américains tels que Warren Buffet et Bill Gates sont favorables à la taxation des héritages.

Selon un rapport de l'OSEO, « en raison du vieillissement démographique, un tiers des chefs d'entreprise ont plus de 50 ans et sont donc susceptibles de céder leur entreprise dans les dix à vingt ans qui viennent[1] ». Au total, ce sont plus de 700 000 entreprises qui vont changer de mains dans les quinze ans à venir, ce qui représente plus de 300 000 emplois par an. Le nombre total des reprises d'entreprise, au sens économique, approcherait 60 000 par an : 50 000 transmissions de micro-entreprises (moins de 10 salariés), 5 000 transmissions de petites entreprises (celles qui emploient de 10 à 50 salariés), et 500 transmissions d'entreprises moyennes (50 à 250 salariés).

Le but de l'action publique face au problème de la transmission doit être de favoriser la croissance de l'entreprise à long terme. Pour croître, il faut bien sûr commencer par ne pas disparaître, et il faut donc assurer la reprise des entreprises. Il faut aussi respecter les souhaits du fondateur. S'il ou elle souhaite une transmission familiale, on ne voit pas comment ni pourquoi on pourrait lui dénier ce droit par principe. Par contre, la législation ne devrait pas encourager activement les transmissions familiales. La législation devrait simplement être neutre. Il devrait être aussi facile pour un entrepreneur de transmettre son entreprise à sa fille ou à son fils spirituel qu'à sa fille ou à son fils naturel(le). Or ce n'est pas le cas aujourd'hui, car la transmission en ligne directe est nettement plus facile et moins onéreuse que les autres.

Il n'est certainement pas utile, dans un pays comme la France, de s'attaquer de manière autoritaire à la transmission fami-

1. OSEO, *La transmission des petites et moyennes entreprises*, juin 2005. OSEO est le nom du groupe né du rapprochement de l'Agence de l'innovation (Anvar), de la Banque du développement des PME (Bdpme) et de l'Agence des PME (OSEO services). Voir www.oseo.fr.

liale des entreprises. Il vaut bien mieux profiter de l'opportunité qui se présente sur les dix prochaines années pour faire évoluer les mentalités en douceur. Pour cela, il nous faut une fiscalité progressive sur les successions, ne pénalisant pas les petites entreprises, mais ne permettant pas non plus la transmission intégrale des grandes fortunes.

Financer la croissance

Les entreprises qui ont les meilleures relations sociales sont potentiellement les plus performantes. Il faut leur donner les moyens de se développer en agissant simultanément dans deux domaines : l'accès aux marchés et l'accès au financement.

L'objectif du pacte PME proposé par l'OSEO est justement d'ouvrir de nouveaux marchés aux PME en renforçant leurs relations avec les grands groupes. Comme on l'a vu au chapitre IV, la croissance des PME françaises est freinée par le manque de prise de risques des grands groupes et les difficultés d'accès aux marchés publics. Pour reprendre les mots de Pierre Haren, « Aux États-Unis, le Small Business Act [loi qui oblige à affecter aux PME 23 % des achats publics] met une épée dans les reins des grands groupes, et le pied à l'étrier aux petits[1] ». Le pacte PME peut certainement jouer un rôle utile. Il ne faut cependant pas oublier qu'aux États-Unis les entreprises innovantes bénéficient de modes de financement audacieux.

Si l'économie souffre en France d'une mauvaise image, que devrait-on dire de la finance[2] ? Pourtant, le financement de la croissance des PME est une tâche cruciale, et qui va le devenir plus encore avec la nécessité de transmettre de nombreuses PME dans

1. *Le Monde*, 12 mai 2005, art. cité.

2. Encore un domaine où nos problèmes ont des racines historiques profondes, comme le montre Suzanne Berger dans *Notre première mondialisation*, Paris, La République des Idées / Seuil, 2005.

les années qui viennent. La crainte que ces entreprises ne tombent aux mains de groupes étrangers est l'une des motivations des lois favorisant les transmissions familiales. Mais doit-on se résigner à choisir entre héritiers et étrangers ?

Si nous nous dotons de marchés financiers efficaces pour les PME, les reprises par des entrepreneurs français seront plus faciles. Il y a actuellement une montée en puissance des fonds d'investissement privés, qui devrait être encouragée et régulée. Malheureusement, les Français semblent convaincus que la finance est la source de tous leurs maux et les mêmes erreurs d'analyse qui nous ont fait rejeter l'économie de marché plutôt que de la mettre au service de tous, risquent de nous conduire à rejeter systématiquement le développement de la finance plutôt que de la mettre au service de la croissance des PME.

On peut résumer l'argument contre le développement de la finance de la manière suivante : la pression financière force les entreprises à chercher des rendements impossibles, les empêche d'investir et de créer des emplois, et les conduit à adopter des attitudes néfastes telles que les rachats d'action, au détriment des projets de long terme[1]. Je ne discuterai pas ici les éléments techniques[2]. Je me concentrerai plutôt sur la soi-disant opposition entre la finance et le travail.

Certaines régularités empiriques semblent réfuter la thèse du court-termisme systématique des marchés financiers. Aux États-Unis, où les marchés financiers sont très développés, les dépenses de recherche et développement sont élevées. De plus, les États-Unis se spécialisent précisément dans les industries qui

1. Jean Peyrelevade, *Le Capitalisme total*, Paris, La République des Idées/Seuil, 2005. Patrick Artus et Marie-Paule Virard, *Le capitalisme est-il en train de s'autodétruire ?*, Paris, La Découverte, 2005.

2. Par exemple, l'équivalence entre les rachats d'actions et le paiement de dividendes. Pour une explication des fameux 15 % de rendement sur fonds propres, voir Anton Bredner et Florence Pisani, in *Alternatives économiques*, n° 245, mars 2006. Notons en passant que sur les cinquante dernières années, le rendement sur fonds propres des entreprises américaines a été d'environ 13 %.

demandent des investissements de long terme, l'exemple le plus frappant étant celui des biotechnologies. La valeur d'une entreprise dans ce secteur dépend surtout de son capital intellectuel, et il faut en moyenne quatorze ans pour découvrir un produit et obtenir l'approbation du régulateur[1] pour le mettre sur le marché. Pourtant, cette industrie a massivement recours aux marchés financiers pour se développer. Elle a dépensé 19,8 milliards de dollars en recherche et développement en 2004 et a reçu 20,8 milliards de dollars de financement, dont 4,9 milliards de capital-risque et 5,5 milliards d'introduction en bourse[2].

Par ailleurs, depuis la fin des années 1990, la fraction des entreprises américaines cotées dont les profits sont négatifs tourne autour de 40 %. Cette fraction n'a d'ailleurs pas cessé de croître : elle a atteint 10 % en 1970, 20 % en 1980, 30 % vers 1990, un maximum de 49 % en 2001, avant de redescendre vers 35 % en 2004. Cette augmentation s'explique principalement par l'apparition d'entreprises plus jeunes et plus risquées que par le passé. En clair, les marchés financiers américains acceptent maintenant de financer des projets dont le rendement est à la fois plus incertain et plus lointain.

Enfin, les pays dont les marchés financiers sont les plus développés ne sont pas ceux dont la part des salaires dans le PIB est la plus faible. En fait, la corrélation est soit nulle soit positive selon les indicateurs considérés[3]. Rien ne suggère donc que le développement de la finance doive se faire au détriment du travail. Rien ne

1. La Food and Drug Administration.

2. Voir le site www.bio.org

3. Ces indicateurs (normalisés par le PIB) sont la valeur des actifs financiers, la valeur des introductions en bourse, le volume des actions échangées, un indice de facilité d'accès aux marchés financiers, et la valeur du crédit privé. Le seul indicateur négativement corrélé avec la part des salaires dans le PIB est la valeur des introductions en bourse, mais la corrélation est faible (-17 %) et non significative. Les quatre autres indicateurs sont positivement corrélés avec la part des salaires, comme dans le cas du crédit privé où la corrélation est de +58 %. Pour plus de détails, voir http://pages.stern.nyu.edu/~tphilipp/

veut que les relations sociales se fondent sur la confiance et le mérite, il faudra bien que ceux qui décident soient jugés en fonction de leurs performances, et qu'ils aient un minimum de liberté pour embaucher et promouvoir.

Il est possible d'améliorer le dialogue social dans une entreprise publique, comme le montre l'exemple de la RATP. L'heure de gloire de la RATP se situe pendant les Trente Glorieuses, grâce notamment aux innovations de ses ingénieurs. À partir de 1970, la plupart des défis technologiques ont été relevés, et, au même moment, l'entreprise doit s'adapter à des changements de demande de la part de ses clients. Son management interne ne le permet pas. Après le répit accordé par les chocs pétroliers et l'introduction de la Carte orange, les crises s'enchaînent, jusqu'à l'hiver 1988 au cours duquel l'entreprise s'arrête durant trois semaines. Or, dans le protocole de sortie de grève, il n'y a rien. Tout au moins, rien de tangible. Le mouvement qui a paralysé l'entreprise et coûté des millions de francs semble venir d'un problème de reconnaissance, que ni les syndicats ni la direction n'avaient vu venir.

Quand Christian Blanc prend les rênes de la RATP en 1989, l'entreprise semble ingérable. Les syndicats déposent 1 000 préavis de grève par an. Pourtant, en deux ans, il transforme l'organisation qui passe d'une structure à quatorze niveaux où l'autorité est très centralisée, à une structure à trois niveaux où les responsabilités sont déléguées. Ces évolutions ne se font pas sans heurts, et Christian Blanc démissionne en 1992 en raison du manque de soutien politique à la mise en place d'un service minimum pendant les grèves. Cependant, la décentralisation porte ses fruits, les relations sociales deviennent moins conflictuelles. En 1996, un code de déontologie fondé sur le respect du client est adopté, ainsi qu'un dispositif de prévention des conflits, connu sous le nom d'« alarme sociale ». Le nombre de préavis de grève diminue fortement en quinze ans, passant de 790 en 1990 à 177 en 2005.

Il n'existe pas de recette miracle pour créer la confiance là où elle n'existe pas, mais les réformes réussies semblent partager

La place des syndicats dans le dialogue social est une question particulièrement délicate. Quand on demande aux Français pourquoi ils ne se syndiquent pas, ils répondent qu'ils n'ont pas le sentiment que les syndicats comprennent bien leurs préoccupations (38 %), qu'ils ont peur des représailles (36 %), ou que les syndicats ne sont pas efficaces (25 %)[1]. Les syndicats ne constituent d'ailleurs plus la voie de recours privilégiée pour régler les problèmes des salariés, qui préfèrent s'adresser directement à leur hiérarchie. Ces résultats suggèrent qu'il serait possible, au moins en théorie, d'envisager un dialogue social sans syndicat.

On peut en effet imaginer un rôle accru pour les représentants des salariés dans les conseils d'administration sans que ces représentants soient nécessairement liés à des organisations syndicales. Les économistes Larry Fauver et Michael Fuerst ont récemment analysé les conséquences de la codétermination (mitbestimmung) sur la performance des entreprises allemandes[2]. Ils montrent qu'elle peut avoir un effet positif lorsque les représentants des salariés travaillent eux-mêmes dans l'entreprise. La présence d'un délégué syndical mandaté de l'extérieur semble au contraire avoir des conséquences négatives.

Cependant, disposer de confédérations syndicales puissantes et représentatives présente certains avantages. D'abord en raison de leur expertise technique, car les accords relatifs au droit du travail sont souvent très complexes. Les syndicats pourraient également participer au développement de « bonnes pratiques » élaborées et diffusées conjointement avec les dirigeants d'entreprise et les actionnaires. Les syndicats devraient ainsi dialoguer non seulement avec les organisations patronales, mais aussi directement avec les associations d'entrepreneurs et d'actionnaires.

S'il faut conclure, comme je le pense, que les syndicats ont

---

1. TNS-Sofres, *Les syndicats sont-ils mortels ?*, janvier 2006.

2. Larry Fauver et Michael Fuerst, « Does good corporate governance include employee representation ? Evidence from German corporate boards », *Journal of Financial Economics* 82, 2006, p. 673-710.

certains traits, notamment la mise en place d'une structure simple et claire, avec un nombre limité de niveaux possédant de vrais pouvoirs de décisions.

Les médias et le gouvernement d'entreprise

Si l'entreprise n'est pas une démocratie, elle ne doit certainement pas être une monarchie absolue. La bonne métaphore politique serait peut-être celle d'une monarchie constitutionnelle qui nécessite un équilibre entre pouvoirs et contre-pouvoirs. Comme à propos du dialogue social, de nombreux rapports ont été publiés sur le problème du gouvernement d'entreprise[1], et je n'insisterai pas sur ce qui est déjà connu. Tout le monde s'accorde sur le besoin de transparence, notamment en ce qui concerne les rémunérations des dirigeants. Cependant, la question fondamentale est celle de l'efficacité réelle des contre-pouvoirs, et non seulement de leur définition formelle.

Un contre-pouvoir important, au moins en théorie, est la présence d'administrateurs indépendants dans les conseils des entreprises. Mais l'indépendance formelle est-elle vraiment la caractéristique la plus pertinente ? Francis Kramarz et David Thesmar ont étudié l'importance des réseaux dans la formation des conseils d'administration en France[2]. Ils concluent que la gouvernance d'entreprise semble moins bonne lorsque le PDG vient de la haute administration. Ces patrons issus de l'État ont moins de chance de quitter leurs fonctions suite à de mauvaises performances. Ils ont tendance à cumuler les mandats d'administrateurs,

1. *Pour un meilleur gouvernement des entreprises cotées*, rapport du groupe de travail présidé par Daniel Bouton, 2002. Voir aussi *Mieux gouverner l'entreprise*, Institut Montaigne, 2003.

2. F. Kramarz et D. Thesmar, art. cité.

Les mauvaises relations sociales affectent profondément notre économie. Elles sont dans une large mesure responsables du sous-emploi et du manque de compétitivité et de croissance. On aurait certes pu imaginer un monde où, bon gré mal gré, chacun fasse son travail sans que l'hostilité ambiante ne se traduise par des pertes importantes. Tel était, dans une certaine mesure, le monde des Trente Glorieuses. D'abord, parce que le processus de rattrapage de l'Europe sur les États-Unis allait de pair avec des gains de productivité élevés, qui permettaient de satisfaire toutes les parties prenantes en assurant à la fois la croissance des salaires et celle des profits. Ensuite, parce que la croissance était d'une nature différente : il s'agissait moins d'innover que d'adapter des technologies existantes, et de le faire « en grand » pour bénéficier des rendements d'échelle. Le mode d'organisation adaptée à ce genre de croissance était l'entreprise fordiste, où la division du travail s'intégrait dans la structure hiérarchique. Ces organisations pouvaient s'accommoder d'une certaine défiance entre patrons et ouvriers.

La croissance par l'innovation et la croissance dans le secteur des services supportent nettement moins bien l'absence de coopération au sein des entreprises : à tous points de vue, le facteur humain est devenu déterminant.

Il est inutile et sans doute contre-productif de jeter la pierre à un groupe particulier. Les grands patrons français n'ont pas fait grand-chose pour se faire aimer et ne devraient pas être surpris des attitudes hostiles de la société à leur égard. Réciproquement, étant donné l'irresponsabilité et l'extrémisme de certains syndicalistes, on comprend facilement la réticence des dirigeants de PME à les laisser prendre pied dans leur entreprise. Les anticapitalistes prétendront que la faute incombe aux chefs d'entreprise. Mais les défauts des managers reflètent avant tout les problèmes de la société française. Comment d'autres pays parviennent-ils à faire émerger des dirigeants qui sont appréciés par leurs subordonnés ? Les grands dirigeants prétendront que tout cela est la faute des syndicats, mais les pays qui ont connu un développement syndical fort sont justement ceux où les relations sociales sont les plus constructives. Et pourquoi les Français qui travaillent dans des entreprises étrangères sont-ils plus satisfaits que ceux qui travaillent dans les entreprises françaises ?

Il est courant en France de rejeter sur la classe politique l'entière responsabilité des mauvaises performances de l'économie. Comme, par ailleurs, le monde politique est perçu comme un espace clos qu'il est vain de chercher à influencer de l'extérieur, il semble plus réaliste d'attendre que ce microcosme mette en œuvre sa propre réforme. Cette vision des choses dispense donc non seulement de la recherche des causes profondes – ce sont les élites qui trahiraient le peuple, une fois de plus –, mais aussi de la recherche des solutions, puisque les citoyens ne sauraient influer sur un système présumé indépendant. Constatant la lenteur des évolutions, chacun en vient alors naturellement à déplorer l'absence d'un homme ou d'une femme providentiel(le).

Et pourtant, il faudra un jour admettre que les démocraties ont souvent les gouvernements qu'elles méritent. La solution de nos problèmes n'est ni politique ni législative. Il ne faut certes pas négliger les réformes des institutions du marché du travail[1]. Mais réformer sans s'attaquer aux raisons profondes du blocage est une démarche hasardeuse, car les sociétés humaines ont cette étrange qualité plastique qui les rend tout à la fois malléables et rigides, de sorte qu'on ne saurait longtemps empêcher les gens de faire ce qu'ils veulent, et qu'il est difficile de les amener à faire ce qu'ils ne veulent pas. On ne remettra pas durablement les Français au travail sans rendre le travail plus attractif et plus satisfaisant pour

1. Un sujet sur lequel d'excellents travaux ont déjà été effectués. Pierre Cahuc et Francis Kramarz, *De la précarité à la mobilité: vers une sécurité sociale professionnelle*, rapport au ministre de l'Économie, 2004. Olivier Blanchard et Jean Tirole, *Protection de l'emploi et Procédures de licenciement*, rapport du Conseil d'analyse économique, 2003. Pour en savoir plus sur l'impact de l'imposition du travail sur l'emploi, voir Richard Rogerson, « Taxation and Market Work : Is Scandinavia an Outlier ? », document de travail du NBER, 2006.

tous. La reconstruction des relations humaines dans l'entreprise est le défi de notre génération, si nous voulons lutter contre les dévastations du chômage et du sous-emploi, de la précarité et du manque de croissance, et si nous voulons être compétitifs dans le jeu du commerce mondial.

Table des matières

RÉALISATION : PAO ÉDITIONS DU SEUIL
IMPRESSION : CORLET IMPRIMEUR S.A. CONDÉ-SUR-NOIREAU
DÉPÔT LÉGAL : FÉVRIER 2007. N° 98581
IMPRIMÉ EN FRANCE